ぬいぐるみ遊び研究の分水嶺
― 自我発達と精神病理 ―

中井 孝章
堀本 真以

大阪公立大学共同出版会

目　次

序論　ぬいぐるみ遊びの諸相……………………………………… 1
　1．ぬいぐるみ遊びの2つのタイプ　1
　2．ぬいぐるみ遊び　3
　　(1) 私のぬいぐるみライフ　3
　　(2) 旅するぬいぐるみ　8
　3．IFとのかかわり（IF遊び）　10
　4．IFとは何か　12

第1部　ぬいぐるみ遊びと自我発達……………………………… 18
　Ⅰ．ぬいぐるみが1～3歳の自我発達に果たす役割　19
　　1．母子分離場面におけるぬいぐるみの役割
　　　──「移行対象」として機能する　19
　　2．自我形成場面におけるぬいぐるみの役割
　　　──自他分化・自我二重化を支える　23
　Ⅱ．ぬいぐるみが3歳以降の自我発達に果たす役割　31
　　1．母子分離達成後に見るぬいぐるみの役割
　　　──生涯にわたって健全な精神生活を支える　31
　　2．自我形成後に見るぬいぐるみの役割──腹心の友となる　33
　Ⅲ．ぬいぐるみが青年期の自我発達に果たす役割　38
　Ⅳ．ぬいぐるみが自我発達に果たす役割　46

第2部　ぬいぐるみ遊びと精神病理……………………………………… 51

 Ⅰ．進化発達心理学と想像の遊び友達の意義　52
  1．進化的適応のトレードオフ──進化人間行動学の射程　52
  2．乳幼児期の即時的機能──進化発達心理学の射程　55
 Ⅱ．ぬいぐるみの母子発生論
   ──ぬいぐるみがぬいぐるみとなる理路　60
  1．社会学的身体論というフレームワークの導入
   ──「過程身体」から「抑圧身体」へ　60
  2．社会学的身体論フレームワークの発達論的適用　66
 Ⅲ．想像の遊び友達（IF）の発達心理学
   ──自他二重性と自我二重性の発達過程　79
  1．自他二重性／自我二重性　80
  2．乳幼児期におけるIFの誕生とその論理　86
  3．青年期以降におけるIFの誕生とその論理　90
 Ⅳ．ぬいぐるみ遊びの精神病理と解離
   ──ファントムへの没入　99
  1．解離の空間的変容と3つのタイプ──離隔／過敏／没入　101
  2．表象と知覚のスウィッチング　113
  3．タクシードライバーの幽霊現象──ファントムへの没入　114
 結語　119

文献　124

あとがき　127

序　論

ぬいぐるみ遊びの諸相

１．ぬいぐるみ遊びの２つのタイプ

　本書は，20代と50代という世代の異なる２人の研究者がぬいぐるみ遊びに関する研究成果をまとめたものである。本書は，共著という形をとっているとはいえ，ぬいぐるみ遊びに関する重要な知見を各々，分担執筆したものではなく，各々が異なる仮説に基づきながら，ぬいぐるみ遊びの意義やそのメカニズム，端的にはその正体を明らかにしたものである。各々の内容については，第１部と第２部を読むことで明らかになるが，その前に留意しておくべきことは，解明する対象が同じぬいぐるみ遊びとはいっても，ぬいぐるみ遊びの質が根本的に異なっているということである。むしろ，ぬいぐるみ遊びの質の異なりが，ぬいぐるみ遊びに関する仮説や論の展開の違いをもたらしていると考えられる。
　ここで言うぬいぐるみ遊びの質の違いとは何か。ぬいぐるみ遊びをする場合，ぬいぐるみ遊びを行う当事者から見て，大きく２つのタイプに分けることができる。
　１つ目は，当事者がぬいぐるみと密接にかかわったり——抱っこしたり添い寝したりするなど——，あるいは対話をしたりするといったタイプで

ある。この場合，当事者は自分が愛好するぬいぐるみの有する柔らかさという物質性や大きく円らな目や優しそうな顔という相貌性を五感で享受している(勿論，ぬいぐるみとの遊び方や楽しみ方については個人差がある)。

　2つ目は，当事者がぬいぐるみとかかわったり対話したりすることは，1つ目のタイプとほぼ同じであるが，当事者が愛好するぬいぐるみの物質性や相貌性を享受することは副次的なことにすぎず，むしろこの場合のぬいぐるみは，神霊が示現するときに宿るとされる巨木や巨石などに匹敵する何かに近い。こうしたぬいぐるみは，当事者にとって依り代（憑り代）のようなものである。誤解を恐れずに言えば，それは，当事者自身の分身である。それゆえ，この場合のぬいぐるみは当事者の前にいるにもかかわらず，実在はしないことになる。繰り返すと，それは何（ひいては，もう一人の自分）の依り代なのだ。したがって，このタイプのぬいぐるみと当事者のかかわり方や対話は，ぬいぐるみを媒介とする，自分ともう一人の自分とのかかわりや対話となると考えられる。つまり，こうしたタイプは，1つ目のタイプよりもぬいぐるみの透明性が強くなるのだ（1つ目のタイプは，前述したように，ぬいぐるみ独特の感触，すなわち物質性がクローズアップされる)。

　ところで，いま分類した2つのタイプのぬいぐるみ遊び（広義）のうち，前者が文字通りのぬいぐるみ遊び（狭義）であるのに対し，後者はいわゆるIF（Imaginary Friend：イマジナリー・フレンド）とかIC（Imaginary Companion：イマジナリー・コンパニオン）等々と呼ばれているものである。実は，IFやICの中には，西原理恵子が描く「いけちゃん」のように（西原理恵子『いけちゃんとぼく』角川書店，2006年)，当事者以外には目に見えないものが存在する。内外の文献やインターネットなどではこうした目に見えないIFやICなどの存在は多々確認できるが，私たち筆者のまわ

りには皆無だということで，本書では研究の対象外とした（ただし，第2部では解離現象を通してその存在が間接的な形で論述されることになる）。

　こうして，当事者から見てぬいぐるみ遊び（広義）を，正規のぬいぐるみ遊び（狭義）とIF（IC）との遊びといった2つのタイプに分けることにした。その上で，第1部を執筆する堀本真以氏は，前者のタイプをベースにぬいぐるみ遊びの意義と正体を解明するのに対し，第2部を執筆する中井は，後者のIF（IC）とのかかわり（遊び）をベースに同じ課題に取り組んでいる。

　堀本氏自身，乳幼児のときから大学院を卒業した現在に至るまで複数のぬいぐるみを同時に保有してきた生粋のぬいぐるみ愛好者である。一方，中井は自分自身，ぬいぐるみの保有者でも愛好者でもないが，自分の長女が乳幼児のときから中学3年生の現在に至るまである1つのぬいぐるみだけを大切にするとともに，かかわり，対話してきた生粋のIF（IC）保有者である。筆者の中井本人は，長女のぬいぐるみ（IC）の歴史をともに歩んできたことから，長女とぬいぐるみ（IC）とのかかわりに知悉しており，ICの意義と正体を解明するに至っている。

　では次に，タイプの異なる，各々当事者とぬいぐるみまたはIFとのかかわりを綴ることにしたい。なお，堀本氏の「ぴ」ちゃんと，私の長女の「ぶーちゃん」は，カバー表紙の写真で披瀝している。最初は，堀本氏と彼女の大切なぬいぐるみとのかかわりから見ていくことにする（堀本氏の執筆による）。

2．ぬいぐるみ遊び
(1) 私のぬいぐるみライフ

　現在，私には，大事なぬいぐるみ〈ぴ〉がいる。〈ぴ〉は，くまのぬい

ぐるみである。クリーム色で，くたっとしていて柔らかく，抱くとちょうど首，肩，胸にかけておさまり，そっと包み込んでくれる。からだは，「おてて（手）」と「あんよ（足）」が２本ずつで，実際に計量器で測定したところ，体重は300ｇであった。

〈ぴ〉は，最初〈ぴっぽ〉という名前であった。また〈ぴ〉は，〈ぴー〉〈ぴーちゃん〉〈ぴーた〉などとも呼ばれていたが，〈ぴ〉自身もそのように呼ばれるうちに，〈ぴっぽ〉という名前がしっくりこなくなり，現在の〈ぴ〉という名前に落ち着いた。

性別は男の子であるが中性的である。年齢は2016年５月現在，８歳であるが，実年齢より幼く，かわいらしい印象である。ただし，いつのまにか〈ぱぴぷぺぽ大学大学院〉を修了していた。そこで「愛」について学んできたため，インテリの顔を持つ。〈ぴ〉は，私では思いつかないような，人間関係におけるアドバイスをしてくれる。

ところで次に，〈ぴ〉との出会いから現在に至るまでを紹介したいが，その前に，歴代の大事なぬいぐるみについて簡単に紹介しておきたい。私のぬいぐるみ好きは，〈ぴ〉と出会う前の，物心ついたときからであり，〈ぴ〉よりも前に大事にしていたぬいぐるみがいたのである。

初代のぬいぐるみは，白いくまで，〈くまんくまん〉という名前であった。〈くまんくまん〉は，左手の縫い目がざらざらとしていた。私は，そこに人差し指の爪の右根元あたりをあてるときの感触が好きで，実際そうすることで私の気持ちは落ち着いた。私は，片方の親指の指吸いを行い，もう片方の人差し指を〈くまんくまん〉の左手にあてることで，安心して眠りについていた。

〈くまんくまん〉との別れは突然であった。旅先のホテルに忘れたか，母の買い物についていったときに落としたか，記憶は曖昧である。しかし，

そのことに強いショックを受け，毎日大泣きしたことを，私はいまでもはっきりと覚えている。

　その様子を見かねた母親は，ピンクのうさぎのぬいぐるみをプレゼントしてくれた。そのぬいぐるみこそ，2代目のぬいぐるみの〈みみこ〉である。その後，〈みみこ〉は〈みいこ〉に名前が変わった。私は，〈みいこ〉の耳のざらざらしたところに人差し指をあてたり，親指や中指の爪先を人差し指の爪の右根元に食い込ませたりすることで，〈くまんくまん〉のいなくなった悲しみや日常の不安を落ち着かせた。特に，幼い私の中で，〈みいこ〉の耳のざらざら感が，〈くまんくまん〉の左手の縫い目のざらざら感を思い起こされたものと思われる。

　さらに私は，小学生の頃，母親と一緒に行った洋品店で，茶色のダックスフントのぬいぐるみに出会い，ひとめぼれをし，誕生日かクリスマスに買ってもらった。そのぬいぐるみには，〈ぶらうん〉という名前がつけられた。〈ぶらうん〉は，〈ぶら〉という愛称で呼ばれ，〈みいこ〉とともに，私と一緒に眠る3代目のぬいぐるみとなった。私が中学受験の際は，母親と，〈ぶら〉と〈みいこ〉とともに勉強に励んだ。中学生になり，母親が勉強についてくれることはほぼなくなったが，〈ぶら〉と〈みいこ〉は一緒に私の勉強につきあってくれた。

　そして，私が高校1年生の，2007年8月8日に〈ぴ〉と出会う。〈ぴ〉は，初代のぬいぐるみと同じく，白っぽい，くまのぬいぐるみである。旅先の，とあるテディベアショップで，〈ぴ〉は土産として私に引き取られた。当初は，〈ぶら〉と〈みいこ〉以外の他のぬいぐるみの1つであり，一緒に眠っていたが，特別に大事にしたわけではなかった。

　ところが，高校2年頃，私に転機が訪れる。それまで両親とともに寝ていた——私は年の離れた末っ子で，両親に大変甘えて過ごしていた——が，

高校2年頃から自分だけの居場所が欲しくなった。そこで私は，寝ることをはじめ，1日の大半を自分の部屋で過ごすようになった。そのとき，一人寝の淋しさを和らげてくれたのが，〈ぴ〉であった。というのも，〈ぴ〉は他のぬいぐるみよりも大きめであることから，抱いたときにすっぽりと私のからだを包み込んでくれるからだ。〈ぶら〉と〈みいこ〉は最初，枕元に置かれ，後に棚に飾られるようになった。そのため，私が〈みいこ〉の耳に人差し指をあてることもなくなった。〈ぴ〉は4代目のぬいぐるみとなり，現在でも，眠るときに私に抱かれて一緒に眠ってくれている。
　このように，〈ぴ〉はこれまで，大学受験，大学での勉強・研究，そして部活や人間関係での悩みに一緒に取り組んでくれた同伴者なのである。いまでも，さまざまな課題や悩みにともに取り組んでくれていて，本書を執筆しているいまこのときも，〈ぴ〉は私に抱かれ，どのような文章が良いかを一緒に考えてくれている。
　〈ぴ〉はいつでも明るく励まし，焦る気持ちを和らげ，つらいときは黙って抱きしめてくれる。たまに心配なときは，こっそりかばんに入って外出に付き添ってくれることもある。さらに，〈ぴ〉は，私が旅行するときも，必ず一緒に出かけ，一緒に宿で眠る。
　また，ご飯については，私が食べたものが，ファ〜っと〈ぴ〉のお腹に届くことになっている。家で私が一人で食事するとき，〈ぴ〉は隣の椅子に座ってお互いに〈おいしいね。〉と言い合いながら食事を一緒に行い，私が外出先でごちそうを食べたときは，私が帰ってから〈おいしかったね！〉と笑い合う。
　〈ぴ〉は，家では大抵私のそばにいる。〈ぴ〉との，最近の暮らしぶりはおおよそ次の通りである。部屋のベッドで目覚めたときは，私の腕の中にいて，「おはよう。」と挨拶を交わし合い，私がなかなか起きないでいる

と，〈ぴ〉は「ここまでおいで～。」と起き上がらなければ抱けないところまで移動する。こうしたこともあって，私は〈ぴ〉を抱きしめるために起床となる。そして，部屋から出ると，〈ぴ〉はリビングのソファーの定位置に座り，私があわただしく朝の準備をしているのを見守る。私が外出用の服を決める際は，〈ぴ〉も一緒に見に来て，「これ！」と選んでくれる。リビングのソファーの定位置で「いってきます。」「いってらっしゃい。」と挨拶を交わし合ってから，私は家を出る。仕事などを終えて私が家に帰ると，その定位置で「ただいま。」「おかえり。」と言葉を交わし合う。私が「今日は，こんなことがあってね，すごくうれしかったよ」と〈ぴ〉に話しかけ，抱きしめると，〈ぴ〉は「そんなことがあったんだ，よかったね」とうれしさを分かち合ってくれる。そして，一緒にテレビを観る，勉強をする，その他もろもろの時間をともに過ごし，部屋で一緒に眠る。

このように，普段から〈ぴ〉と私は，抱きしめ合ったり，会話をしたりする。二人きりのときには私が歌うのに合わせて〈ぴ〉が踊ったりすることもある。ただ，〈ぴ〉は私以外の人に対しては，シャイである。両親は〈ぴーちゃん〉と呼び，特に母親は愛犬と同じように話しかけることがある。ところが，〈ぴ〉は恥ずかしがって話さず，うなずくなどのジェスチャーで返答している。

私にとって，〈ぴ〉をはじめ，歴代のぬいぐるみたちは，ずっとそばにいてくれて，何でも一緒に取り組んでくれる，人生の同伴者であり，かけがえのない友である。このようなぬいぐるみたちに恩返しをしたいという思いから，私はぬいぐるみが人の心に与える役割について研究を行い，本著の執筆に至っている。なかでも，最も長く私のそばにいて，思春期・青年期，そして現在まで支え続けてくれている〈ぴ〉には，いつも感謝に堪えない。

(2) 旅するぬいぐるみ

　近年，ぬいぐるみは，私だけではなく，子どもや青少年，大人にも好まれ，保有されることが増えているようである。ぬいぐるみは，幼い子どものときだけでなく，それ以降も何らかの役割を担っているという理由で，より一層注目されてきている。

　その一例が，2005年頃からぬいぐるみに旅をさせるというサービスである。それは，病気や障がいのある人，また何らかの理由で旅行が困難な人が，自分自身のぬいぐるみを旅させ，その様子を写真で見たり，他のぬいぐるみの持ち主と交流したりすることができるというものである。

　株式会社ウナギトラベルは，こうしたサービスを提供する会社の1つである。なお，この本文を執筆するにあたって参考にした，ウナギトラベルのホームページの該当箇所は，2016/05/22 http://unagi-travel.com/であり，また，参考にした著書は，東園絵／斉藤真紀子『お客さまはぬいぐるみ　夢を届けるウナギトラベル物語』飛鳥新社，2014年である。特に同書では，サービスを利用した人々とぬいぐるみの，4つの旅物語（ノンフィクション）が写真とともに綴られている。そのうち，「くまこさんの旅」という物語では，東日本大震災被災後，うつ病の兆候があると診断され休職した人が，毎日一緒に会社に通っていた〈くまこさん〉というぬいぐるみを旅に出す。それは，引きこもりがちな自分と重ね合わせた「人見知りで，控えめ」な性格の〈くまこさん〉が，復興のために頑張る人々の代わりに手紙を届けたり，仲間のために積極的に行動したりする中で成長していく様子を見て，希望を見出し，復職へと向かったことが綴られている。

　ところで，私もまた，ウナギトラベルのサービスを利用したことがある。次に，私自身の「ぬいぐるみの旅」の体験を述べる。

　私は，ウナギトラベルの旅の参加者として，〈まさし〉という，いつも

研究室の私のデスクにいたぬいぐるみを選んだ。私が〈まさし〉を選んだのは，次の３つの理由からである。すなわち，〈まさし〉は，離れている日が続いても平気であること，清潔感があり他人にも可愛がってもらえる自信があること，ぬいぐるみの旅を自分の代わりに偵察してくれるような存在であること，である。これらの点で〈まさし〉は，旅するのにうってつけのぬいぐるみである。

この会社の旅を申し込むにあたって，私と〈まさし〉の「二人だけの世界」を，見知らぬ場所や人たちの世界へと広げることに対し私は勇気を要した。このぬいぐるみの中に他者が本当の〈まさし〉を見てくれるか，そして大事にしてくれるのか私にとって不安であった。一方，私が旅を申し込んだのは，〈まさし〉が自分から離れたところでも生かされ，いろいろな世界を見ることで，自分も〈まさし〉とともにいろいろな世界を体験したいと思ったことにある。

〈まさし〉が郵送でウナギトラベル事務所に到着すると，Facebookを通して事務所で待機している他のぬいぐるみたちが写真でアップされるとともに，事前に回答していた，〈まさし〉の日々や性格などがあわせて紹介されていた。また，そこには他のぬいぐるみの持ち主たちからのコメントも入っていた。私は，見知らぬ世界での，初めてのお披露目に緊張したが，無事に到着した〈まさし〉を見て安堵した。また，〈まさし〉が大事に扱われていることが，自分が大事に扱われているように感じられた。

それから１ヶ月後ほど，事務所で他のぬいぐるみたちと過ごしている写真がアップされ，〈まさし〉がいきいきとかつ楽しそうにしているように思われた。その様子を見て私は〈まさし〉の旅立ちを前にわくわくする思いが高まってきた。

そして，ついに旅立ちの日が訪れた。〈まさし〉が，他の参加者のぬい

ぐるみたちと，見知らぬ場所へ行き，いろいろな世界を見ている様子，半面，その「優しい」性格から「迷子になるのが不安」ということから〈まさし〉の手を握っている様子などが写真でアップされた。たとえ，〈まさし〉が自分から遠く離れていても，自分が生かしてきた〈まさし〉が他者によっても生かされ，他のぬいぐるみとも絆を深めていることに感動を覚えた。

　旅から帰る際，〈まさし〉が仲良くなったお友達のぬいぐるみたちと手をつないでいる写真がアップされた。また，これらのお友達の持ち主たちからコメントが入ったことにより，〈まさし〉は気づかないうちに多くのつながりを作っていたことに驚き，自分の世界が開かれたような感じがした。

　自宅に帰ってきた〈まさし〉は，CD-ROMなどの写真データや，ガイドのぬいぐるみからの手紙などをお土産に持って帰り，そして写真を見ながら，土産話をしてくれた。そしてまた次の旅へと心躍る思いが湧き上がってきた。

　以上，〈くまこさん〉の旅と〈まさし〉の旅から，大事にしているぬいぐるみに旅をさせることは，自分から遠く離れた広い世界で，ぬいぐるみが自分の分身として「生きて」，他のぬいぐるみや人と絆を深めて成長していく様子を見ることとなった。私は，ぬいぐるみが見た世界を通して人の世界は広がり，そしてぬいぐるみのように大事に「生きて」，他者とつながっていくのだということを確信したのである。

３．IFとのかかわり（IF遊び）

　次に，堀本氏のぬいぐるみ遊びとは異なる，中井の長女（中学３年生）のIFとのかかわり（IFライフ）を見ていくことにしたい。

　まず，IFの属性の紹介を箇条書きにする。

愛称：〈ぶーちゃん〉
本名：〈中井風太郎（なかい・ぶうたろう）〉
生年月日（年齢）：平成13年7月7日（IF保持者と同じ15歳）
性別：なし
身体：手が2本，足が2本（四つ足の動物ではなく，人間に匹敵するが，擬人化ということでもない）
体重：リンゴ2.5個分
習い事：ピアノ（昔は水泳）・学習塾（勉強ができないので塾通い）
趣味：昼寝，三輪車
バイト：〈ぶーちゃん森〉の〈さがわきゅうびん〉で輸送のアルバイト
行きたいところ：ディズニーランド，将来，乗り物の〈空飛ぶダンボ〉になりたい
特技：変顔（ラ・フランスの顔真似）と柱につかまって「ミン，ミン，ミン」と蝉の真似をすること
所属：〈ぶーちゃん森〉に棲息する，また，〈ぶーちゃん森〉にある〈ぶたごやま中学校〉に通学している

なお，〈ぶーちゃん〉が所属している〈ぶたごやま中学校〉は，1クラス20名で，担任は〈チーター先生〉（動物のチーター）である。成績は学年の下から4番目であり，下から1〜3番目は，〈かめたかめろう〉，〈ぴょんたくん〉，〈なまけものさん〉である。また，お昼寝クラブ（顧問は，〈なまけもの先生〉）に所属している。友達（クラスメート）に〈かめたかめろう〉，〈ぴょんたくん〉，〈なまけものさん〉がいるが，彼らは目には見えない。主な知り合いには，〈すまいるぶーちゃん〉，〈ぷーとん〉（2匹），〈ぶーっく〉，〈うっあー〉がいる。

ところで，長女（IF保持者）が〈ぶーちゃん〉との毎日の生活の中で習慣となっていることがある。それは，毎朝，〈ぶーちゃん〉が「朝ですよ。」と2本の足を長女の顔にぶらぶらあてて，起こすことである。また，〈ぶーちゃん〉は毎日，午後5時の時報，ジブリの〈さんぽ〉という曲が流れると上手に踊る。

　さらに，〈ぶーちゃん〉と話し相手との交流・対話について述べると，それには，次の2つのパターンがある。

　まず1つ目は，〈ぶーちゃん〉と長女（IF保有者）・妹・母親の3人からなる交流・対話のパターンである。彼ら3人は，週5回程度，午後9時30分頃，自宅2階の寝室で，〈ぶーちゃん〉とその3匹のおとうと（1歳）が交流・会話を行う。なお，おとうとたちは「おにいちゃん」とのみ話す。

　もう1つは，〈ぶーちゃん〉と長女・母親の2人からなる交流・対話のパターンである。具体的には，長女を送り迎えする母親の自動車の中で，信号待ちになったとき，電波の状態が悪くなり，いきなり〈ぶーちゃん〉が〈ぶーちゃん森〉から「音声電話」を通して長女に電話をかけてくる，というものである。

　次に，IF保有者の長女は，最近，ぬいぐるみ病院で治療を受けることや，「ブリーダワン」というところで自分の「クローン」を造ることを望んでいる。というのも，〈ぶーちゃん〉の足にビーズ（素材）が入っているが，それが太ももなどの他の部位へ流れ込んでいるので治したいからだ。また，〈ぶーちゃん〉の手がぶらぶらになっているのを治したい。さらに，背中の毛並みを揃えたい（ハゲ隠し）という。

4．IFとは何か

　ところで，IFについては十分な説明をしないまま，IF保有者のぬいぐ

るみライフだけを紹介してきた。したがってここではあらためて，IFとは何かについて論述していくことにしたい。前に，IFは，文字通りのぬいぐるみ遊びとは異なり，IF保有者にとっての何かの依り代，さらには自分自身の分身だと述べた。ただ，IFについてはインターネットのブログ上に「空想の友だち研究」といった本格的な記載がある。次に，IFに関して重要と思われる箇所を紹介することにしたい。

〈いつも空が見えるから〉というブログの制作者，YuKi氏によると（http://susumu-akashi.com/），IFは空想のキャラクター（キャラ）との違いにおいて明確に特徴づけられるという（なお，同ホームページの作者，YuKi氏はIFを持っている人のことを「IF保持者」と呼ぶが，ここではこのネーミングを用いることにした。また，文意を変えない範囲で「です」「ます」調の文体を簡便なものへと変更した）。

YuKi氏によると，IFとキャラとの違いについて一般的には，「IFは空想のキャラクターとは比べ物にならないほど現実味のある存在である」とか，「単なるキャラクターと異なり，イマジナリーフレンドは人格をもった存在である」といわれるが，こうした捉え方は意味がないという。というのも，「ときに，キャラクターが，自分の想像を越えて，勝手に動き出した，と話す作家もいる」ことに加えて，「その場合，キャラクターは一個の人格を持つ存在として意識されている」からだ。したがって，「IFの現実性を考えるには，単に人格を持っている，という以上のことを考える必要がある」という。

そこでYuKi氏は，IFとキャラクターの違いを，次の3つの観点から考えていく。

その観点とは，①「主従の関係」，②「活動する領域」，③「生まれ持つ役割」，という3つである。あらかじめ述べると，YuKi氏によるこの3つ

の観点こそ，YuKi氏自身がIF保持者であることに基づく独自の捉え方であると考えられる。順次，紹介すると，次のようになる。

　①「主従の関係」についてまとめると，キャラクターは「絶対的な創造者」としての「作り手」の「空想の産物」であり，「キャラクターは意志を持つ場合もあるとはいえ，あくまで人形」にすぎないのに対し，「イマジナリーフレンドは対等あるいはそれに限りなく近い存在として意識される」ということである。「IF保持者は，IFが自分から生まれたことを認めるが，彼らを人形や物語の駒のようにはみなさず，同等の個人と捉える。」「まれに，対等の関係を越えて，IFが主であり，IF保持者が従の関係になっている場合もあるようである。」

　以上のように，キャラクターが作り手の空想の産物であることから「作者＝主／キャラクター＝従」という非対称な関係となるのに対し，IFはその出自がIF保持者にあるにしても，IF保持者とIFは同等の個人（対称的な関係）もしくはそれ以上の個人（関係），すなわち「IF＝主／IF保持者＝従」という非対称的な関係となる。

　次に，②「活動する領域」についてまとめると，「キャラクターはたいてい，作者が構築した世界の枠内のみで行動する……（中略）……実写化したり，俳優が演じたりして，現実にいるかのように感じさせることもあるが，あくまで，脚本のなかで，決められた物語の枠内で行動する」のに対し，「イマジナリーフレンドは，たいてい日常生活のなかで，現実にいるかのように振る舞い，現実の人間と同じように考え，行動する」ということである。しかも，「その行動にはほとんど制限がない」としている。つまり，「IF保持者はおもに現実の日常の世界でイマジナリーフレンドと交わり，会話を楽しむ」のであり，「イマジナリーフレンドと会うために架空の世界に入る必要はない」わけである。さら

に，「もちろん，IFの住む，ファンタジー世界での活動を考える人も多いが，それとは別に日常的な交わりが必ず存在する」としている。

　以上のように，キャラクターは作者が作り上げた世界（物語）の枠内，すなわちフレームという閉域を活動領域とする。それに対し，IFは無制限の行動が可能である現実の日常世界を活動領域とする。IFの活動領域はまず現実の日常生活がベースであって，それにファンタジー世界というもう1つの活動領域が加わることもある。

　最後に，③「生まれ持つ役割」についてまとめると，「キャラクターは，物語をおもしろくするために存在する」のに対し，「イマジナリーフレンドは，多くの場合，IF保持者を支えるために存在する」としている。というのも，「キャラクターは物語の駒として，作り手が意識的に創造する存在である」のに対し，「イマジナリーフレンドは，意識的に創り出すというより，だれかが危機に陥ったとき，無意識のうちにその人を守り，支えるために意識上に現れる」からであるという。むしろ「それが最初の出会いだ」という。その意味では，「多くの場合，キャラクターは『創る』ものであるが，IFは『出会う』ものだ」としている。

　以上のように，キャラクターは作者が作り上げた世界（物語）の演出を高めるための役割を担う駒である。それに対し，IFはIF保持者が危機的状況にあるとき，IF保持者を助け，支えるための存在者なのである。そうであるがゆえに，IFはIF保持者にとって「出会う」ものとなるのである。

　YuKi氏が総括して述べるように，「イマジナリーフレンドは単なる人格を持っている存在ではなく，主従の関係，活動する領域，生まれ持つ役割において，現実の人間に極めて近い性質をもっている」のであり，だからこそ，友達や恋愛の対象ともなり得るのである。

　私見によると，このように，キャラクターとの違いを元に導出された，

YuKi氏によるこの３つのIFの特徴は，IF理解およびIF研究において最も秀逸で画期的なものであると判断している。IFの特徴だけをクローズアップすると，IFは，IF保持者にとって同等の個人もしくはそれ以上の個人，すなわちIF＝主／IF保持者＝従であるということ，IFの活動領域はまず何よりも，行動が制限されない現実の日常生活にあるということ（したがって，両者の関係のベースも現実の日常生活にあるということ），IF保持者が危機的状況に陥ったとき，初めて出会うところの，IF保持者にとっての救済者・支え手であるということ，となる。

　こうしたIFの特徴を前に紹介した私の長女と〈ぶーちゃん〉との関係に当てはめると，すべてがそのまま当てはまることがわかる。正確には，長女は乳幼児のときから〈ぶーちゃん〉と接しているため，彼女が危機的状況になったとき出会ったのかどうかはわからないが，この点だけを除くと，IF保持者の彼女にとってIFの〈ぶーちゃん〉は同等・対等の個人であるし，前述した〈ぶーちゃん〉とのぬいぐるみライフに綴られているように，〈ぶたごやま中学校〉やそのクラスメートなどファンタジー世界もあるにはあるが，大半の活動領域はごく普通の日常世界であることに相違ない。両者の主従関係の転倒はないにしても，両者は現実の日常世界において常に同等・対等な個人としてかかわり，対話をしている。

　こうしたぬいぐるみライフと比べると，堀本氏のそれは同じような行動パターンも見られるが——ぬいぐるみを抱っこすることがきっかけで起床するなど——，さまざまな事情があるにせよ，１つのぬいぐるみを愛好してきた訳でもないし，同時期に多くのぬいぐるみを愛好している。それに対し，長女のぬいぐるみライフは，〈ぶーちゃん〉だけで彩られ，物語られてきている。両者では明らかにぬいぐるみ遊びの様相が異なるのだ。こうした相違は，ぬいぐるみ遊び（狭義）とIFとの差異に帰着するわけだ

が，どちらが本当のぬいぐるみ遊びであるのかといった優劣を示すものでない。ぬいぐるみライフは，n 人いれば，n 個のライフスタイルがあるはずであり，本書で挙げた二人のそれは，ぬいぐるみ遊びの２つの典型例にすぎない。

　しかしながら，筆者からすると，ぬいぐるみ遊び（広義）を，堀本氏のように，文字通りのぬいぐるみ遊び（狭義）として実践するか，YuKi氏や私の長女のように，IFとして実践するかといった差異は，ぬいぐるみ遊びの意義をどのように捉えるかの違いへと収斂する。裏を返せば，従来，こうした区別をせずに，ぬいぐるみ遊び（広義）の意義を漠然と捉えてきたのではないかと考えられる。

　では次の第１部では，ぬいぐるみ遊び（狭義）を前提とするぬいぐるみ遊びの意義について自我発達論の立場から，具体的には移行対象論の知見に基づいて解明する。そして第２部では，IFを前提とするぬいぐるみ遊びの意義について精神病理学の立場から，具体的には解離研究の知見に基づいて解明する。あらかじめ述べると，この場合の解離研究は，乳幼児が親からの虐待などからわが身を守るといういわゆる自我の防衛機制，すなわち精神分析のお決まりのパターン（クリシェ）と必ずしも同一のものではない。後述するように，解離は精神分析では捉え切れないほど，広大で深遠な文化現象なのである。

　なお，偶然とはいえ，第１部と第２部では，まったく同一の図（図に表された知見を含む）を用いているが，その使用文脈はまったく異なる，ということをあらかじめ述べておきたい（そうしたこともあって，図は重複している）。繰り返すが，第１部と第２部はぬいぐるみ遊び（広義）に関する分担執筆という性格のものではなく，たとえ結果的に同じ図を用いながらも，各々のぬいぐるみ遊びのタイプに沿う，独立した論文なのである。

第1部

ぬいぐるみ遊びと自我発達

　第1部では，ぬいぐるみは2つの特質，物でありながら生命力を感じさせる性質と柔らかい触感を持つものとして論を展開する。
　まず，幼児期（1～3歳）の子どもにとってのぬいぐるみの役割を，2つの理論――D. ウィニコットの移行対象論，H. ワロン，浜田寿美男の自我形成論――から導き出していく。そして，それぞれの理論を基盤に，幼児期以降（3歳以降）のぬいぐるみの役割についての論考を進める。
　さらに，幼児期以降の発達において，親から社会的に自立していく青年期は，「第二の分離・個体化期」［Blos, 1962＝1971］といわれ，幼児期の分離・個体化のテーマが再び現れる時期である。そこで，幼児期の分離・個体化を「移行対象」として支えるぬいぐるみが，青年期の分離・個体化期において，再び分離・個体化を支える役割を果たすのではないかという観点を加えて，ぬいぐるみが青年期の自我発達に果たす役割についての考察を深める。
　そして最後に，ぬいぐるみが自我発達に果たす役割を総合する。

Ⅰ．ぬいぐるみが１〜３歳の自我発達に果たす役割

１．母子分離場面におけるぬいぐるみの役割
　　――「移行対象」として機能する

　本節では，母子との間に存在するぬいぐるみが，子どもの自我発達に果たす役割について，D. ウィニコットの移行対象論を通して，見ていく。

　幼児はしばしば，毛布やタオル，ぬいぐるみなどを肌身離さず持ち歩き，それがないと不安になるなど，強い愛着を示す。D. ウィニコットは，論文「移行対象と移行現象」（1953）において，このような幼児が強い愛着を示す無生物を，「移行対象」（transitional object：過渡対象とも訳される）と呼んだ［井原成男，2009：10］。

　移行対象の内容として，井原［同前：13-14］が「毛布，肌がけのタオル，ガーゼ，毛皮，ぬいぐるみの動物など」と述べ，それらは共通して「柔らかくて肌ざわりがよいという特徴」があるとしている。

　井原［同前：41］は移行対象を発達的に２段階に分けてみる考え方があるとし，次のように説明する。O. スティーブンソンは，移行対象の出現が１歳前後と２歳前後に集中することを発見し，前者を一次的移行対象，後者を二次的移行対象と呼んだ。一次から二次に発達するにつれ，「対象は人格化され，人間的な感情が投影されるようになる」と彼女は考えた。一方，A. フロイトは，移行対象には，①母親の身体のもつ感触が置き換えられたものが選ばれる段階（感覚的にかかわる段階）と，②柔らかいオモチャが，象徴的な対象として選ばれる段階（人格的にかかわる段階）という２段階があると述べている。すなわち，一次的移行対象から二次的移行対象に進むにつれて，対象を感覚的に楽しむ段階から，次第に人格的なものとしてとりあつかい，人間的な感情を投影するようになっていくので

ある。
　以上から，基本的に，一次的移行対象は，感覚的にかかわる毛布，肌がけのタオル，ガーゼ，毛皮などであり，二次的移行対象は，人格的にかかわるぬいぐるみなどとなる。つまり，ぬいぐるみは，幼児が強い愛着を示す無生物のうち，より人格的に扱われ，自分の仲間のように扱われることがわかる。ぬいぐるみが移行対象として現れる時期については，F. ブッシュは，二次的移行対象を１～２歳の間に現れる柔らかいオモチャである［同前：41-42］としており，本論ではぬいぐるみが移行対象として現れる時期を，前述したO. スティーブンソンの２歳前後との見解をあわせて，１～３歳と捉えておくこととする。
　井原［同前：98］はウィニコットの考え方について，移行対象の持つ３つの側面を挙げている。１つ目は，「①子どもは，ブランケットであれぬいぐるみであれ，その対象を主観的には生命をもったものとして生き生きと感じています。それは単なる無生物ではないのです。彼の心の中ではイメージの世界がふくらんでいます。しかし同時に，それはやはり，単なる物にすぎない。物としての制約や現実性をもっているのです。移行対象はまさに，こうした主観性と客観性を同時に（二重に）もっているという側面があります」としている。この側面は，本論で着目している，ぬいぐるみの客観的には物でありながらも，主観的には生命力を感じさせる性質と同義である。D. ウィニコットは，主観的な世界と客観的な世界がつながれている空間，また，内（inner）であると同時に外（outer）であるという空間を「中間領域」という概念で説明しており，移行対象はこの中間領域に現れて主観性と客観性を同時に持っているのである。
　移行対象の持つ３つの側面の２つ目は，「②移行対象が現れてくるのは，母子の分離が問題になってくるときです。子どもは分離不安に対する防衛

手段として移行対象を創造するのです」という。移行対象というものは，母子分離期の子どもに現れてくるものであることがわかる。そして，井原［同前：14-15］によれば，「柔らかくて肌ざわりがよい」という特徴を持つ移行対象は，ほおずりされたり抱きしめられたりするなかで，「暖かい温もりをもった生き物のようになっていく」。この「柔らかく，肌ざわりがよくて暖かい」という移行対象の特徴は，「そのまま，赤ちゃんを世話してくれる，母親のもっている特徴でもある」，そのため移行対象は「子供に一体感を与える理想の母親の代理物であり，象徴である」という。さらに，移行対象になりやすいものが，母親と父親のどちらのイメージに近いか調査したものから，「移行対象は，より優しく，よきものであり，また，くつろげて暖かく柔らかいものであるという点で母親のイメージと重なる」ということを見出している。以上から，移行対象は，柔らかい触感が重要な特質となって，母親の象徴的な代理物となり，母子分離に対する子どもの不安を防衛する役割を果たすことがわかる。

　最後の3つ目は，「③いわば，子どもが意のむくままに，自分の願望のままにふるまっていた（快感原則に支配された）時期から，現実の制約や形を認識するにいたり，私たち大人と同じ世界へとあゆみはじめる（現実原則に支配された）時期への移行期に現れるという側面をもっています」と述べている［同前：98］。「自分の願望のままにふるまっていた（快感原則に支配された）時期」とは，"illusion"，「幻想」と表現される状態の時期であると思われる。井原［同前：119］は，次のように説明している。「人生のはじめにおいて，母親は子どもに専念します。そのため，幼児は自分の欲求を必ず満たしてくれているものがいることに気づくようになります。しかし，それが母親であるとはまだ気づかない。自分がその状態をつくりだしていると考える。それが，幻想であるとウィニコットはいいま

す。こうした幻想は人が生きていくためのもっとも根本的な基礎をつくります。この幻想の中でこそ，人は自分の基本的なパワーへの信頼を得るのです。」やがて母親は，幼児が一人でできる能力が身につくにつれて幼児から脱専念化していき，幼児への完全な適応に失敗していく。幼児自身はこの世界が完全に自分にあわせてくれる世界ではないという現実を知っていく（万能感を失っていく）［同前：104］。これが，"disillusioning"，脱幻想化であり，「私たち大人と同じ世界へとあゆみはじめる（現実原則に支配された）時期」へと移行していくということになる。

　池内裕美，藤原武弘［2004：184-185］は，「一般的に母親は，最初のうちは乳児の欲求に対し完全に適応している（例えば乳児のミルクが欲しいという欲求に対し，即座に乳房を差し出す）が，乳児の成長とともに，その適応を徐々に不完全なものにしていく。そして，こうした母親の関わり方を通して，乳児は"母親は自分の一部である"という内的心的現実，すなわち『錯覚（illusion）』状態から，"母親は自分と独立した存在である"という『脱錯覚（disillusion）』を体験し，次第に外的客観的現実を受容していくようになる。またウィニコットは，内的心的現実世界から外的客観的現実世界へと"移行する"過程において，主観と客観の間に位置し精神生活を支える『中間領域（intermediate area）』の存在を仮定している。そしてこの中間領域において，両世界の橋渡しをする機能を担うのが移行対象であり，これにより脱錯覚という，ある種の喪失体験に伴う多大な不安を低減することができ，よりスムーズな移行が可能になると論じている」とまとめている。つまり，万能感に支配された主観的な世界での「錯覚（illusion）」の状態から現実を認識した客観的な世界への「脱錯覚（disillusion）」の状態に移行する際に，主観と客観の間に位置する中間領域にある移行対象が，両世界の橋渡しをするのである。

以上から，移行対象は，客観的には物でありながらも，主観的には生命力を感じさせる性質，すなわち主観的な世界と客観的な世界がつながれている「中間領域」という空間にあるということで，主観的な世界での「錯覚（illusion）」の状態から客観的な世界への「脱錯覚（disillusion）」の状態への移行の橋渡しをするという役割を果たすことがわかる。さらに，柔らかい触感によって幼児と1つの単位をなしていた頃（錯覚状態の頃）の母親の象徴的な代理物となり，その錯覚から脱錯覚への移行過程における分離不安を緩和するという役割を果たすのである。すなわち，移行対象は，母親との分離を受け入れ自立できる3歳頃まで，錯覚から脱錯覚への移行を，不安を緩和しながら橋渡しするのである。そして，移行対象としてのぬいぐるみは，この役割を，母親の象徴的代理でありながら，タオルなどと比べてより守り手，話し相手的な存在として遂行するのである。

2．自我形成場面におけるぬいぐるみの役割
　　――自他分化・自我二重化を支える

　本節では，自我形成場面におけるぬいぐるみの役割を，H. ワロンの自我形成論を通して，見ていく。また，H. ワロンの自我形成論を，対話場面をとりあげて解釈したと思われる浜田寿美男の自我形成論も，参考にした。以下，［Wallon，1956＝1983（浜田寿美男訳編）］と，［浜田寿美男，1999］を参考に，H. ワロンの自我形成論における自我形成過程を述べていく。

　H. ワロンの自我形成論では，自我形成・確立を，単に個体としての自我意識が芽生え成長していく過程と考えるのではなく，その自我形成の過程そのもののなかに，他者，あるいは他者の関係性が深く入り込んでいると考えている。それゆえ自我はまさに他者との関係性なくして考えられな

い概念になっている［浜田，1983：112］。

　H. ワロンは，子どもは最初，無力であるがゆえにまず他者の手に支えられ，他者の作る共同体のなかに有機的に，組み込まれた形でしか存在しえないとし，周囲の人びとと何らかの共生関係をもつ共生的段階から出発するとした［同前］。しかし，この共生状態に，やがてある矛盾をかかえるようになり，生後2年目にはこの矛盾がどんどん大きくなっていく。最初のうち子どもの自我は，まだ散漫で未分化な感受性の状態にとどまっているが，そこにもすでに二極性があって，たがいに異なった（しばしば対比的でさえある）立場あるいは役割が含まれている。初めの頃は，この二極性から，ただずれの感覚や驚き，そしてときに不安の感情が生じるのみで，これがもっぱら情緒的に表現されるにとどまる。

　やがて子どもは，自分の予期や意図と実際の結果とのあいだに不調和が生じたとき，その源までさかのぼってみようとするようになる。そして子どもは，場面を能動的な相と受動的な相のふたつに分解する。この時期に子どもは交替的なやりとり遊びにふけることによって，この発見を吟味する。子どもはする者とされる者のふたつの役割を演じるのである［Wallon, 1956：27］。こうした≪する・される≫という能動−受動の二重性の認知［浜田，1983：113］から，それまで未分化であった自分自身の感受性の内部に，他者性（l'alterité）を認識していく［Wallon, 1956：27］。ただこのときの自我は他者に対して優越した安定性・恒常性を持つには至っていない。

　やがて，次第に2歳代には自我欲求が芽ばえはじめ，やたらと他者の意志に逆らいたがるようになる。自我が自我としての特権性を主張するこの自我主張期は，通常の意味における自我形成の到達点である［浜田，1983：115-116］。子どもは以前のように喜んで交替的なやりとり遊びに

ふけることがずっと少なくなり，それまでしばしば見られていた一人二役の対話もみられなくなる［Wallon, 1956：30］。ふたりを交互に演じるということはなくなり，ただひとりだけになっていく。しかし，もうひとりが完全に消えてしまうのではない。そのもうひとりは，第二の自我（L'Alter Ego）になる。P. ジャネが《社会的自己socious》と呼んだものはこれである。つまり，それは，自我の分身であり，自我と共存し，自我と切り離しては考えられないものである。しかし，これはいつも自我に一致するわけではない。これが心のうちの議論の支えとなり，疑念を残した決定に異議を唱える支えとなる。この第二の自我（L'Alter Ego）には，複数の他者（Alii）が含まれている。第二の自我は，自我と分離できない対をなし，自我の永遠の同伴者であって，これが内面世界と周囲の具体的世界とをつなぐ媒介者，つまりいわば蝶番の役割を果たしている［同前：38-39］。

　ちなみに，この「もうひとり」，すなわち，自我の対の項にあたるものについては，西平直［1986：198-199］によれば，H. ワロンは「他者（l'autre）」とも，「社会的自己（socious）」とも，また，「第二の私（l'alrer）」とも，「第二の自我（L'Alter Ego）」とも言い換え，しかも，これらの述語の間に微妙なニュアンスの違いを含ませてもいるが，H. ワロン自身が十分な規定を与えていない以上，それらを厳密に規定し区別することは不可能という。よって，本論においては，これらの用語を区別せずに用いていくこととなろう。

　以上，共生段階から自我が形成される０歳から３歳までの発達過程を見てきたが，本節では，生後２年目つまり１歳から，３歳までに子どもが場面を能動的な相と受動的な相の２つに分解するという知覚・行動，する者とされる者の２つの役割を演じる交替的なやりとり遊び，一人二役的な行動などに注目し，ぬいぐるみが果たす役割を見ていく。

子どもは自他の二極性あるいは二重性を認識しはじめたとき，自分自身の加わっている状況を能動的な相と受動的な相，つまり自分がする相と，相手からされる相という二重の相を分化することになる。この能動－受動，≪する－される≫の二重性としてH. ワロンが述べている状況について，浜田［1983：113］は同時的二重性と継時的二重性の2つの種類に分けておくほうがよいと解説している。同時的二重性の例としては，握手という状況がある。握手では，握ることが同時に握られることになる。また同様に，"触れる－触れられる"とか，目を合わせて"見る－見られる"とかいう状況もこれに入る。

　ここでの同時的二重性のほうに，ぬいぐるみが果たしうる役割があると筆者は考える。プロ・ロゴスで，ぬいぐるみ〈ぴ〉は「柔らかく，抱くとちょうど首，肩，胸にかけておさまり，そっと包み込んでくれる」と記述した。このように，ぬいぐるみを抱き寄せるとき，柔らかい触感ゆえに，同時にぬいぐるみに包まれるという現象が起こる。この「抱き寄せると同時に包まれる」という状況は，「抱く－包まれる」という状況に言い換えることができる。さらにぬいぐるみは他者として生命力を感じさせる性質を持つために，この状況に能動－受動の同時的二重性を見出させることができると考えられる。すなわち，自他の二極性あるいは二重性を認識しはじめた子どもにとって，ぬいぐるみを抱くという行為は，能動－受動の同時的二重性の認知へ導く状況の1つとなりうる。ぬいぐるみは自他分化へ向けての一歩を，踏み出させる。

　それに対して継時的二重性では，たとえば自分が叩き，ついで相手が叩き，という形で交互に，叩くという行為をやりとりするという状況がある。このような継時的二重性をH. ワロンは「交替やりとり遊び」として非常に重視している［浜田，1983：113-114］。また，この交替やりとり遊び

の例として，叩くことと叩かれることのほかに，逃げることとつかまえること，隠れることと探すことをH. ワロン［1956：27］は挙げている。そして，ひとつの行為あるいは状況のなかで自他未分化なまま成り立っている同時的二重性から，交互にやりとりされる継時的二重性に移っていくなかで，子どもは最後に相手の人格，他者の人格を発見する。こうして，役割を交互に演じることによって，それまで未分化であった自己自身の感受性の内部に他者性を認識していくということになる［浜田，1983：114］。

次に，交替やりとり遊びのなかで，働きかける者と働きかけられる者という二重性，すなわち自他の二重性を認識するようになった子どもは，外的行為として行われるそのやりとりを，まさに自己の感受性の内部に取り込み，今度は，相手なしに自分ひとりで交替的な遊びをはじめるようになる。つまり，一人で二役を演じる。たとえば，自分自身を相手に会話をするとか，二人の話し手を交互に演じるなどといった行動は，その一例である。交替やりとり遊びから一人二役的行動が出現してくることのなかに，自己の感受性内部の自我の二重化への一歩を見ることができる。そして自我主張期に入ると，一人二役のなかの相手役が，第二の自我として生きつづけていき，自我の二重性が確立する［同前：114-116］。

浜田［1999］は，この一人二役の遊びに，人形との対話遊びを含めている。以下，浜田が自他の二重性と自我の二重性をことばの対話場面から解釈し，人形相手の一人二役遊びを考察したものをまとめる。

図1は，自分と相手とが対面して話をしている場面を示している。図1の手前側に自分，向こう側に相手がいる。弧で表わしたものがそれぞれの身体の境界である。自分と相手とがことばを用いて話す。これは〈話す−聞く〉という行為であって，能動−受動のやりとりの一つである。自分が〈話す〉という能動が，相手にとっては〈聞く〉という受動となり，また

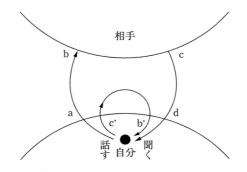

図1　人どうしの対話（自他二重性と自我二重性の現れ）
［浜田寿美男，1999：218］

　相手が〈話す〉という能動が，自分にとっては〈聞く〉という受動となる。これが図1でいうa-b，c-dの外側の回路である。この自他の関係を〈自他二重性〉と名づけている［同前：206］。
　しかし相手に向けて話しかけるとき，自分の声は相手に届くだけではなく，同時に自分の耳にも返ってくる。相手がこうして聞いているだろうという声を自分が聞くことではじめて，自分の声が相手に届いているという気持ちになれる。さらに，相手が話すのを自分が聞くときも，その相手の話し手としての視点に立つことになる。相手の話す視点を自分の内側で同型的になぞっているのである。すると，自分が話しているとき（a-b：左側の外の回路），そのことばが相手に届くと同時に，自分の耳を通して自分に返ってくる（b'：右側の内の回路）。そこでは話しながら聞く立場にいるのだ。また相手が話しているのを自分が聞くとき（c-d：右側の外の回路），同時に自分の内側ではおのずと話し手の視点に立ってその意味内容をとらえている（c'：左側の内の回路）。声を出して話を交わす外の自他二重性の回路に加えて，それにぴたりと重なるかたちで内側の回路

がまわっている。それを自他二重性に対比して自我二重性と呼んでいる［同前：219］。

　そして，ことばがただの音声の流れから対話として立ち上がるについては，その背後にもう1つの能動－受動の内的な力動（自我二重性）が働いていなければならないとした。多くの子どもたちは1歳前後にことばを話しはじめるが，1年もすれば周囲の大人たちとのあいだの対話が，自分と相手との思いのやりとりとして，その自他二重性と自我二重性をしっかり重ね合わせているという。こうして他者との対話を積み上げていくなかで，子どもはやがて相手なしの対話をやりはじめ，そこに自我二重性の潜勢態が具体的な形をとって現われる。

　図2は，人形相手に一人二役遊びをしている場面を示している。

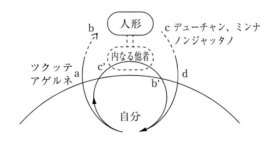

図2　一人二役遊び（内なる他者の配備）
［浜田寿美男，1999：222］

　ここでは例として，子ども（デューチャン）がママゴトで人形相手にコーヒーを作って人形に飲ませようとして，自分が飲んでしまい，人形に「デューチャンミンナノンジャッタノ」と悔しがらせていた場面を挙げている。人形に飲ませようとして，自分が飲んでしまうという仕草をやっ

ているとき子どもは、その仕草をやられている相手の人形の悔しい心情をしっかり意識している。浜田はここで仮想のものではあるが「ツクッテアゲルネ」のことばを組み込んで図2を用いて説明している。自分が「ツクッテアゲルネ」と言う（a）とき、それに対して相手が聞き手として受けとめるであろう思い（b）が、自分自身のなかで意識されている（b'）。また人形の立場から自分が「デューチャンミンナノンジャッタノ」と言う（c）とき、それを現実の自分が聞き手として聞く（d）のだが、そこでは話し手としての人形の思い（c'）が自分のなかでなぞられている。外からながめたものには＜a＝b→c＝d＞の回路として見える対話が、自分を生きる当人には＜a＝b'→c'＝d＞の回路として働く。

　つまり、自我二重性が具体的なかたちをとって現われている。ここでは人形を具体的な相手としているのだが、役を交替するごとに、そこに自分を重ねている。それゆえb'とc'の根元にはもう一人の自分、あるいは「内なる他者」をおいているものと考えた方がわかりやすい。自我二重性の回路のもう一方の側に「内なる他者」を配備するという構図は、この一人二役遊びあたりから明確になっていく。やがてこのような具体物の手がかりがなくても、一人で会話をまわせるようになってくる。自我二重性が外の事物や場面から離れて、いわば自立し、「内なる他者」がはっきりと位置づくようになる［同前：222］。

　この人形との対話遊びに関して、浜田［同前］は、「人形ならばそこに対話の相手を見ることができるから、人形相手の一人二役遊びになるところ、積み木とか粘土とか、パズルとかの、いわゆる物は、対話の相手にはならない」と述べており、物でありながら、生命力を感じさせる性質を持つことが一人二役遊びの相手となる条件であると思われる。よって、ぬいぐるみとの対話遊びも浜田の言う「人形」と同様の役割を果たすと考えら

れる。

　以上から，ぬいぐるみ相手の一人二役遊びは，「自我二重性の回路のもう一方の側に「内なる他者」を配備するという構図」を生み，自己の感受性内部の自我の二重化へと導くことがわかる。

　また，プロ・ロゴスで，ぬいぐるみ〈ぴ〉を抱きしめ，「そんなことがあったんだ，よかったね」と〈ぴ〉に言われるという，ぬいぐるみとの対話の例を述べたが，ここで言語的な返答をぬいぐるみは人に感じさせることができている。このとき，想像されているぬいぐるみの言語的返答に，優しい感触という触覚的ヒントが与えられており，その言語的返答は何らかの影響を受けている可能性があると推測できる。よって，一人二役遊びにおいて人形とぬいぐるみの違いを述べるならば，ぬいぐるみは優しい感触という触覚的ヒントを与えて言語的返答を想像させるという点であると筆者は考える。

　以上から，ぬいぐるみが1歳から3歳までの子どもに，自我形成場面で果たす役割として2つ見出されたことになる。1つ目は，ぬいぐるみは，それを抱くという行為の中で，自他分化へ向けての一歩を踏み出させること，2つ目は，ぬいぐるみは，それとの対話の中で，ぬいぐるみの言語的返答に優しい感触という触覚的ヒントを与えつつ，自我の二重化への一歩を踏み出させることである。

II．ぬいぐるみが3歳以降の自我発達に果たす役割

1．母子分離達成後に見るぬいぐるみの役割
　　——生涯にわたって健全な精神生活を支える

　移行対象はI章1節で述べたように，母子分離期において，分離不安を

緩和しながら，錯覚から脱錯覚への移行を支えるという役割を果たす。本節ではその役割を果たし，母親から分離可能な状態となった後，ぬいぐるみが果たす役割を考察する。

　森定美也子［2006：133］は，「ウィニコットによれば移行対象自体は，年を経るにつれてしだいに忘れ去られるが，その要素は健全な発達にともなって拡散してゆき，遊ぶことという中間領域――芸術，宗教，創造的な科学研究，夢，創造力に富んだ生活という文化的分野全体に広がっていく。それは，内的現実と外的現実を連関させる現実受容という重荷を，生涯背負い続ける人間にとって，休息地であるとウィニコットは述べている。移行対象は生涯発達的な側面をもつのである」とまとめている。また，井原［2009：118］は「移行対象が忘れ去られていく場所を，ウィニコットはリンボ界と表現しています。リンボ界というのは，キリスト以前の善人や洗礼を受けていない善人が死後行く場所で，地獄と天国の中間にあるとされています。……略……天国もいいと思いますが，天国，地獄ともにみられるこの中間領域もすてがたいと思います。天国や地獄はそれっきりですが，リンボ界はその二重性のゆえに，これからも何かを生みだしつづけていくのかもしれません」と述べている。

　D．ウィニコットの「リンボ界へ行く」という表現は，移行対象が，主観性と客観性の二重性をあわせもつという特質を，死後，すなわち移行対象としての役割を終えた後も，持ち続けるということを意味しているのではないかと思われる。

　ぬいぐるみは，移行対象としての役割を終えると，肌身離さず持ち歩くような強い愛着を示されることはなくなる。しかし，忘れ去られるとまでは一様には言えないのではないかと筆者は考える。ぬいぐるみは移行対象としての役目を終えても，主観性と客観性の二重性，つまり物でありなが

らも生命力を感じさせる性質は変わらず持ち続けるために，中間領域にあるということには変わらない。移行対象の要素は中間領域で文化的分野全体に広がっていくが，ぬいぐるみは依然として中間領域に存在している。そして，現実世界での安心感を与えながら，物でありながらも生命力を感じ接するという遊びの世界をいつまでも提供していると考える。

　井原［2009：117］は中間領域について，「ウィニコットは，私たちが主観的世界を脱して，リアルに現実を知ることにのみ価値をおいていません。彼は，客観的現実に根をおろしすぎて，主観的な世界に近づけない人は，またある意味で病気であると述べています。主観的であると同時に客観的でもあるという二重性を生きることができたとき，私たちの人生は，もっとも創造的なものになる」と述べている。主観性のみ，客観性のみに生きる人々に，中間領域にあるものはときには客観性を交わらせ，ときには主観性を交わらせ，中間領域へといざなう。ぬいぐるみもこの役割を担い，文化的分野と同様に，人生を創造的にし，生涯にわたって健全な精神生活を支えうるものと思う。

2．自我形成後に見るぬいぐるみの役割——腹心の友となる

　Ⅰ章2節で見てきたように，3歳頃になると，自我の二重性が確立する。この自我の二重性の確立とは，第二の自我，社会的自己，内なる他者という自我と切っても切れない対を獲得するということである（便宜上，以下この自我の対の項をおおよそ「内なる他者」と統一して用いる）。浜田［1999］は，自我の二重性が「自立」するとして，その発達的流れを「声を出しての対話（自他二重性）からはじまって，そこにはりついていた内的な自我二重性がやがて自他二重性を離れて自立し，一人歩きをしはじめる。そうして相手が目の前にいなくても，一人で内側の対話の回路をまわ

すことができるようになった」と説明している。本節では，自我の二重性が確立・自立したのちの，ぬいぐるみとの対話場面を考察し，そこでぬいぐるみが果たす役割を見ていく。

　自我二重性の自立の，その後の展開について，浜田［同前］の考察をまとめる。浜田は，言語装置の膨大化と精緻化という要因を組み込んで考えた。1歳代にはじまり，2歳，3歳，4歳，あるいは10歳，15歳，20歳と，ことばで語る世界は，たいへんな広がりを持つようになる。言語装置そのものが膨大にまた精緻になっていくにつれて，他者とのあいだでことばをとおして伝え合い，交わし合う世界がそれだけ広がる。そして外の他者とそうして交わし合える世界が広がるということは，目には見えないが，その内でも同じようにことばを媒体とする内的な対話（自我二重性）の世界がそれだけ豊かに広がっていくということになる。対人関係の広がりや外的対話の膨大化・精緻化に比例して，内的対話の世界もふくらみ，また精緻になっていく。こうして，ことばの世界が内外へ広がっていく。

　この中で，内的対話は，外的対話ぬきにも，それ自体で行われるようになっていく。外的な回路が働くためには，他者が何らかのかたちで直接的に存在しなければならないが，現実には，そうした他者が存在しない場面が，人々の生活において大量の時間を占める。人はいつも他者とともにいるとは限らないが，自分とはいつも一緒，自分からは離れようがないからである。そのような場面においても，内的な回路は独自にまわりつづける。そのことが図3に表される。

　この回路は「内なる他者」が必然的な構成要素としてそのうちにかかえこまれている。このようにして内的回路がふくらみ，他者とのやりとりをはなれて独自の展開を見せていく中で，そこにはやがて他者にことばで伝えようにももはや伝えられない世界（意識以前）が潜み，他者には伝えた

第1部　ぬいぐるみ遊びと自我発達

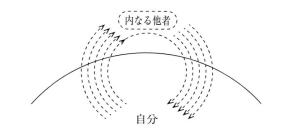

図3　独自に行われる内的対話（自我二重性の展開）
［浜田寿美男，1999：232］

くない世界（秘密）が広がり，さらには偽ってでもあえてちがったかたちで伝えようとする世界（うそ）が生み出されてくる。こうして，「私的な世界」が登場する。

　このようにして，自我二重性の内的対話の世界に，秘密やうそのような私的な世界が登場することを見てきたが，H. ワロン［1956：40-41］はこれについて，「秘密は，自分の内にある第二の自我に打ち明けられるだけでは不十分なのです。第二の自我は，実際に腹心の友の役割を担ってくれる誰かを他者の中に求めるのです。このような第二の自我の媒介を通して，自我は，だれかを求め，秘密の共有によってその人と緊密に結びつき，同時にその人に依存するようになっていきます」と述べている。H. ワロンの言う，第二の自我が求める，腹心の友の役割を担ってくれる誰かは，あくまでも実際の他者であるが，本節ではこの腹心の友の役割を，ぬいぐるみにあてはめて考えてみたい。すると，図4のようになろう。

　ここでのぬいぐるみとの対話は，I章2節で前述した，浜田が挙げた人形相手の一人二役遊びの例のように，自分がぬいぐるみに話す（a）とき，それに対して相手が聞き手として受けとめるであろう思い（b）が，自分

35

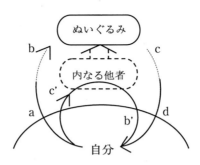

図４　一人二役遊び（内なる他者の具現化）
［浜田寿美男，1999：222をもとに著者が手を加え作成］

自身のなかで意識されている（b'）。またぬいぐるみの立場からのことばを自分が言う（c）とき，それを現実の自分が聞き手として聞く（d）のだが，そこでは話し手としてのぬいぐるみの思い（c'）が自分のなかでなぞられている。ここでも，外からながめたものには＜a＝b→c＝d＞の回路として見える対話が，自分を生きる当人には＜a＝b'→c'＝d＞の回路として働くということになる。

　そして，内なる他者がはっきりと位置づき自我二重性が自立しているこの場面では，自我二重性の内的な回路が，ぬいぐるみとの対話によって顕在化されているとも言い換えられる。内なる他者を相手にしていた内的な対話が，ぬいぐるみという具体物を通して，外に表出されることとなる。これは，ぬいぐるみの物でありながらも生命力を感じさせる性質がなせるものであろう。ぬいぐるみは生命力すなわち他者性を含んだ存在でありながら，物であるためにその他者性はあくまでも想像の産物である。ぬいぐるみを他者として設定して対話する場面では，自己の感受性の内部にある他者性，すなわち内なる他者を投影することで成立しているともいえ，こ

のときぬいぐるみは内なる他者が具現化されたものとなる。

　また，ぬいぐるみとの対話場面は，多くの場合，自分の部屋の中など，他者がいない私的な状況で繰り広げられる。たとえば，ベッドにぬいぐるみを置いて，寝る前や目覚めにこっそりとぬいぐるみとの対話を楽しむということがあるだろう。前述したように，自我二重性の内的な回路は，他者が存在しない時間に独自にまわりつづけ，私的な世界が広がる。同様に，ぬいぐるみとの対話も，他者が存在しない時間に繰り広げられ，私的な世界のものとなる。そしてぬいぐるみは，内なる他者と同様に，私的な世界での話し相手，つまり秘密やうそを共有する相手となる。すなわち，ぬいぐるみとの対話場面では，その対話構造から，ぬいぐるみは内なる他者の具現化物となるが，その際，内なる他者の担う私的な世界での話し相手としての役割も，ぬいぐるみは受け継いでいるということが，その対話状況から，考察できる。

　ぬいぐるみは，秘密，うそすべてを知っていることとなる。ここでぬいぐるみはまた，物であるという性質を発揮する。つまり，ぬいぐるみは，秘密，うそすべてを知っていても，「物」であるがゆえに変わらず存在し，必ず現実的に生き残る。このときのぬいぐるみの態度は，カウンセラーに求められる態度のうちの，生き残りや秘密保持とよく似ている。カウンセラーは生き残りや秘密保持などを通して，クライエントに信頼感を与える。よって，ぬいぐるみは私的世界を共有した，信頼される存在，すなわち腹心の友となり，自我を支えていく。

　以上考察したぬいぐるみの腹心の友としての役割は，物でありながらも生命力を感じさせる性質により発現されるものであった。ところで，柔らかい触感という性質によっても，次に述べるような存在となると考えられる。「ぬいぐるみを抱き寄せるとき，柔らかい触感ゆえに，同時にぬいぐ

るみに包まれるという現象」（Ⅰ章2節参照）において，そのときぬいぐるみは，守ってやろうとすれば，守ってくれるような，信頼される「相棒」のような存在となっているのである。ぬいぐるみは柔らかい触感を持っているために，信頼性をより一層発揮し，腹心の友としての役割も引き出されると考えられる。

Ⅲ．ぬいぐるみが青年期の自我発達に果たす役割

　本章では，青年期に焦点をあてていく。

　第1部冒頭で前述したように，青年期は，親から社会的に自立していく「第二の分離・個体化期」［Blos, 1962＝1971］であり，幼児期の分離・個体化のテーマが再び現れる時期である。一方，幼児期の分離・個体化を支えた「移行対象」は，幼児期以後，文化的分野に拡散していく。この移行対象が幼児期以後に拡散したものを，森定美也子［2006：150］は「慰める存在」として捉えている。

　もし，ぬいぐるみが，青年期の自我発達に役割を果たすなら……ぬいぐるみは，「慰める存在」の1つとして，幼児期の「移行対象」のように，青年期の分離・個体化期において，再び分離・個体化を支える役割を果たすのではないか。このような仮説をたて，筆者［2015］は，青年期にある大学生に対して，質問紙調査を実施した。そこで得られた結果から，ぬいぐるみが青年期の自我発達に果たす役割についての考察を深めることとする。

　対象は，関西の大学に通う学部生・院生219名（男性97名，女性120名，性別に無記入回答2名）だった。年齢幅は，18〜25歳であり，18〜21歳のほうが22〜25歳よりも有意に多かった（$x^2=7.68$, df＝1, p<.01）。それぞれの性別における年齢の内訳は，男性では22〜25歳が18〜21歳よりも有意に

多く，女性では18〜21歳が22〜25歳よりも有意に多かった（$x^2=16.63$, $df=1$, $p<.001$）。居住状況では，自宅のほうが一人暮らしよりも有意に多かった（$x^2=72.01$, $df=1$, $p<.01$）。また，ぬいぐるみに慰められる人のうち，女性のほうが男性よりも有意に多かった（$x^2=7.95$, $df=1$, $p<.01$）。

　以上から，年齢，年齢における性別，居住状況，ぬいぐるみに慰められる人における性別において，人数のかたよりが見られたことから，それぞれの結果の解釈には注意が必要である。

　調査では，青年期にある調査対象者の分離個体化の様相を捉える，青年期の分離個体化の基本的尺度　日本版（JASITA）52項目［高橋蔵人，1989］を用いた。

　そして，「あなたは現在の生活で，ストレスを感じた時，落ち込んだ時，独りぼっちで寂しいと感じた時に，『ぬいぐるみ[※1]』に『慰められる[※2]』と感じることがありますか」との質問を行った。※1の注釈として，「『ぬいぐるみ』とは，『柔らかな布で覆われ，中に綿を詰めた，人や動物などの生物の形を模したもの』」と表記し，ぬいぐるみの2つの特質，柔らかい触感と，物でありながらも生命力を感じさせる性質を発現させる，素材とモチーフを取り上げた。また，「ぬいぐるみ」の例として，「動物のぬいぐるみ，テディベア，人間のキャラクターのぬいぐるみ，ぬいぐるみストラップ，顔の書かれたクッションなど」を挙げたものを加えた。また，※2の注釈として，「『慰められる』とは，『心を支えてもらう』」と表記し，本論においてぬいぐるみの「自我発達に果たす」役割を検証するため，「自我発達」を簡略化した「心」を，慰められる対象として強調した。

　この質問に「はい」と答えた66名（30.1％）に対し，大事なぬいぐるみの所持の有無を尋ね，ぬいぐるみ（大事なぬいぐるみがある場合はそのぬいぐるみ）を所持・想像するときの状況・気持ちの回答を求めた。ぬいぐ

るみを所持・想像するときの状況・気持ちについては，森定［2006：160］の作成した，慰める機能を測定する尺度18項目を使用した。

　これらの調査から，青年期（18〜25歳）の分離個体化の様相，青年期（18〜25歳）においてぬいぐるみに慰められる人の分離個体化の傾向，ぬいぐるみによる慰めの様相，青年期の分離個体化をめぐる欲求や不安にぬいぐるみが果たす慰めの役割，ぬいぐるみの大事さ，所持方法から見る，ぬいぐるみによる慰めの世界を捉えていった。

　まず，青年期（18〜25歳）の分離個体化の様相を実証的に明らかにするため，JASITAの調査結果を因子分析したところ，青年期の分離個体化を規定している因子として，「親しい対人交流欲求」「両親との共生欲求」「自惚れ」「一人でいられなさ」の4つの因子が抽出された。高橋［1989：7］の抽出した「分離個体化の達成」因子に含まれる7項目はすべて得点が高く，ほとんどに天井効果が見られ，今回の因子構造に含まれなかった。

　よって，青年期の大学生・大学院生（18〜25歳）においては，家族からの分離個体化は友人関係の確立により達成され，両親との和解も進んでいる段階である。また，分離不安を自覚して友達などの他者に慰めを求めることは，年齢を経るにつれてやや少なくなる。一方，社会に出ていくことへの分離不安が無自覚ながらもやや喚起され，両親へやや共生的にかかわろうとすることで対処している。

　次に，ぬいぐるみに慰められるかどうかによる分離個体化の様相の差を検討するために，性別（男性・女性），年齢（18〜21歳・22〜25歳），居住状況（一人暮らし・自宅），ぬいぐるみに慰められるかどうか（ぬいぐるみに慰められる・慰められない）の4要因を独立変数，分離個体化因子「親しい対人交流欲求」「両親との共生欲求」「自惚れ」「一人でいられなさ」の4得点を従属変数とした多変量分散分析を行った。その結果，「一人で

いられなさ」については，ぬいぐるみに慰められるかどうかによる有意な主効果（$F(1,194) = 7.49$, $p<.01$）が見られ，ぬいぐるみに慰められる人のほうがぬいぐるみに慰められない人よりも「一人でいられなさ」が高かった（表1）。

よって，青年期にある人のうち30％ほど存在する，現在の生活でぬいぐるみに慰められるという人には，分離不安の高まりが自覚されたときに，友達などの他者に慰めを求める傾向があると考えられた。

表1　「一人でいられなさ」についての分散分析結果

	得点				主効果	
	年齢		ぬいぐるみに慰められるかどうか		年齢	ぬいぐるみに慰められるかどうか
	18～21歳	22～25歳	慰められる	慰められない		
一人でいられなさ	2.62 (0.81)	2.28 (0.86)	2.78 (0.81)	2.35 (0.83)	5.13*	7.49**

上段：平均値、下段：標準偏差
* $p<.05$　** $p<.01$

また，ぬいぐるみによる慰めの様相を明らかにするため，慰め機能尺度の調査結果を因子分析したところ，ぬいぐるみによる慰めを規定している因子として，「ぬいぐるみ元気づけ慰め」，「ぬいぐるみ言語性慰め」，「ぬいぐるみリラックス慰め」，「不安時のぬいぐるみ慰め」，「ぬいぐるみ感触慰め」の，5つの因子が抽出された。このうち，「ぬいぐるみリラックス慰め」に含まれる2項目（安心する，落ち着く），「ぬいぐるみ感触慰め」に含まれる1項目（感触が好き）は得点が高く，天井効果が見られた。

よって，ぬいぐるみは，元気づけ，対話によって慰め，リラックスさせ，不安時に慰め，感触によって慰める。このうち，リラックスさせる慰めと，感触による慰めの程度が強い。

ところで，ぬいぐるみによる慰めにおける感触と対話について，他の各

慰め機能との関係を見るために，ぬいぐるみ慰め各因子間相関を全体，各グループ別で見た。感触については，一人暮らしグループで見ると，「ぬいぐるみ感触慰め」と「ぬいぐるみリラックス慰め」（r＝.63, p<.01）とのあいだ，「ぬいぐるみ感触慰め」と「不安時のぬいぐるみ慰め」（r＝.66, p<.01）との間に正の有意な中程度の相関を示した（表2）。対話については，全体において，「ぬいぐるみ言語性慰め」と「ぬいぐるみ元気づけ慰め」（r＝.49, p<.01）とのあいだ，「ぬいぐるみ言語性慰め」と「不安時のぬいぐるみ慰め」（r＝.46, p<.01）それぞれのあいだで，正に有意な中程度の相関が見られた（表3）。

表2　居住状況別のぬいぐるみ慰め尺度の因子間相関

	ぬいぐるみ元気づけ慰め	ぬいぐるみ言語性慰め	ぬいぐるみリラックス慰め	不安時のぬいぐるみ慰め	ぬいぐるみ感触慰め
ぬいぐるみ元気づけ慰め	-	.24	.43	.12	.16
ぬいぐるみ言語性慰め	.54**	-	.03	.04	.01
ぬいぐるみリラックス慰め	.45**	.44**	-	.31	.63**
不安時のぬいぐるみ慰め	.50**	.58**	.49**	-	.66**
ぬいぐるみ感触慰め	.22	.19	.24	.16	-

** p<.01
右上：一人暮らし，左下：自宅

表3　ぬいぐるみ慰め尺度の因子間相関と平均，SD，α係数

	ぬいぐるみ元気づけ慰め	ぬいぐるみ言語性慰め	ぬいぐるみリラックス慰め	不安時のぬいぐるみ慰め	ぬいぐるみ感触慰め	平均	SD	α
ぬいぐるみ元気づけ慰め	-	.49**	.45**	.41**	.21	3.92	0.73	.86
ぬいぐるみ言語性慰め		-	.38**	.46**	.15	2.38	0.91	.84
ぬいぐるみリラックス慰め			-	.45**	.31*	4.07	0.80	.74
不安時のぬいぐるみ慰め				-	.27*	3.05	1.35	.88
ぬいぐるみ感触慰め					-	3.66	0.92	.44

* p<.05 ** p<.01

よって，ぬいぐるみの感触については，一人暮らしにおいては感触に慰められるほどリラックスし，不安時に慰められる。ぬいぐるみとの対話に

ついては，対話により慰められるほど不安時に慰められ，元気づけられる。

そして，分離個体化をめぐる欲求や不安が，ぬいぐるみによる慰めに与える影響を見るため，重回帰分析を行うと，22〜25歳のグループでは，「親しい対人交流欲求」が「ぬいぐるみ元気づけ慰め」に正の影響を与えている（$\beta = .61, p<.05$）と示された（表4）。一人暮らしのグループでは，分離個体化因子全体が「不安時のぬいぐるみ慰め」に影響を与えている（$R^2 = .64, p<.01$）と示され，「両親との共生欲求」が「不安時のぬいぐるみ慰め」に負の影響を与えている（$\beta = -.61, p<.01$）と示された（表5）。

表4　年齢別の分離個体化と「ぬいぐるみ元気づけ慰め」の重回帰分析結果

	18〜21歳	22〜25歳
	β	β
親しい対人交流欲求	-.24	.61*
両親との共生欲求	.01	-.11
自惚れ	.08	-.06
一人でいられなさ	.22	-.15
R^2	.09	.28

* $p<.05$
β：標準偏回帰係数

表5　居住状況別の分離個体化と「不安時のぬいぐるみ慰め」の重回帰分析結果

	一人暮らし	自宅
	β	β
親しい対人交流欲求	.41	-.14
両親との共生欲求	-.61**	-.06
自惚れ	.39	.06
一人でいられなさ	.44	.31
R^2	.64**	.10

** $p<.01$
β：標準偏回帰係数

よって，ぬいぐるみに慰められる人において，青年期の分離個体化をめぐる欲求や不安に，ぬいぐるみが慰めの役割を果たすといえるのは，22〜

25歳，一人暮らしにおいてである。22〜25歳では，他者と親しく交流を持とうとアクティブに社会に出ようとし，ぬいぐるみがその思いを支えるように元気づけ，自立を促していく。一人暮らしでは，分離個体化をめぐる欲求や不安のゆらぎ，特に両親に焦がれる思いを，ぬいぐるみは慰める。

　最後に，ぬいぐるみの大事さ，所持方法から見る慰めの世界を捉えるために，ぬいぐるみは人にとって，大事なものかどうか，ぬいぐるみを外出時に持ち出すかについて見ていく。大事なぬいぐるみを持っていると回答した人は，66名中38名（57.6％）であり，大事なぬいぐるみを現在は持っていないが過去に持っていたと回答した人を含めると，66名中57名（86.4％）であった。ぬいぐるみを「外出時に所持・想像する」という項目（平均1.7，SD1.03）は，得点が低く，床効果が見られた。

　よって，現在の生活でぬいぐるみに慰められるという実感がある場合，ぬいぐるみを大事に思う人が大半であり，その「大事」なぬいぐるみを，外出時に持ち出すことは少ない。

　ちなみに，ぬいぐるみの所持方法に関しては，寺尾尚［2008：79］の調査によれば，「小さいアクセサリーやお守りのような形で携行される」というが，調査対象が，ぬいぐるみを所有している，したことのある人であることから，ぬいぐるみに慰められるという実感があるかどうかが定かではない。外出時の持ち出しは，ぬいぐるみに慰められるという実感により少なくなるのではないかと考えられる。

　以上から，青年期におけるぬいぐるみの自我発達に果たす役割を要約する。

　青年期において，ぬいぐるみは「慰める存在」となり，慰めを発揮する。

　ぬいぐるみを「慰める存在」とするとき，分離個体化の様相に特徴が見られる。その特徴は，分離不安を自覚し他者に慰めを求めるというものである。ぬいぐるみは，青年期にある人が分離不安を自覚し他者に慰めを求

める中で，他者の代替物として，慰めの役割を発揮するのである。つまり，ぬいぐるみが，幼児期に母親の代替物となって分離への橋渡しをする「移行対象」の役割を果たすように，青年期においては他者の代替物となって，社会的自立への橋渡しをする「慰める存在」の役割を果たすと考えられる。

　また，ぬいぐるみの慰めの様相については，元気づけ，対話による慰め，リラックス，不安時の慰め，感触による慰めにわたる。特に感触，リラックスという慰めの程度が強いこと，さらに，慰めの中に対話による慰めが含まれていることは，ぬいぐるみに柔らかい触感と，物でありながらも生命力を感じさせる特質があるからこそである。

　ぬいぐるみは，その感触によって柔らかく肌ざわりのよい温もりを持つ存在となり，物理的によりどころとなる他者がいない場合，リラックスさせたり不安を落ち着かせたりする。そして，対話によって，物とわかりながらも生命力を感じ接するという遊びの世界にいざない，遊びの世界における「友」や「相棒」，「話し相手」などの言葉で表されるような存在となり，元気づけたり不安時に慰める。

　そして，ぬいぐるみが青年期の分離個体化に慰めの役割を果たすといえるのは，社会的自立がさしせまった22〜25歳の時期と，物理的によりどころとなる他者がいない一人暮らしの場合である。社会的自立がさしせまった時期では，元気づけてその自立を促していく。また，物理的によりどころとなる他者がいない場合に，両親に焦がれる思いを慰める。

　最後に，ぬいぐるみに慰められると実感のある場合，その「大事な」ぬいぐるみを外出時に持ち出さない。青年期においては，社会に適応しようと意識し，ぬいぐるみに慰められることは私的な世界として現実社会から切り離していると考えられ，私的な世界が展開するぬいぐるみを社会に見せる抵抗感や，大人でありながら慰められることを公にすることの恥ずか

しさがある。ぬいぐるみは，私的な世界で秘密を共有する，腹心の友となる。

Ⅳ. ぬいぐるみが自我発達に果たす役割

　本章では，Ⅰ～Ⅲ章を総合し，ぬいぐるみが自我発達に果たす役割に関する考察を述べる。

　ぬいぐるみは，物でありながらも，生命力を感じさせる性質と布の柔らかい触感の2つの特質を持つとして，ぬいぐるみが自我発達に果たす役割を次のように考察していった。

　まず，1～3歳の子どもの母子分離場面と自我形成場面それぞれにおいて，ぬいぐるみの果たす役割を述べる（Ⅰ章参照）。母子分離場面においては，分離不安を緩和しながら，錯覚から脱錯覚への移行を橋渡しするという「移行対象」の役割を，守り手，話し相手的な存在として遂行する。自我形成場面においては，ぬいぐるみを抱くという行為により，自他分化を支える。また，ぬいぐるみとの対話により，ぬいぐるみ側の言語的返答に優しい感触という触覚的ヒントを与えつつ，自我の二重化を支える。

　次に，3歳以降の母子分離達成後と自我形成後それぞれにおいて，ぬいぐるみの果たす役割を述べる（Ⅱ章参照）。母子分離達成後においては，現実世界での安心感を与えながら，物でありながらも生命力を感じ接するという遊びの世界をいつまでも提供し，人生を創造的にし，生涯にわたる健全な精神生活を支える。自我形成後においては，私的世界を共有し，信頼できる友，さらに守りたいとも守ってやりたいとも思わせる，腹心の友となり，自我を支える。

　そして，3歳以降の自我発達のうち，幼児期の分離・個体化のテーマが再び現れる，「第二の分離・個体化期」［Blos，1962＝1971］となる青年期

にぬいぐるみの果たす役割を述べる（Ⅲ章参照）。青年期において，ぬいぐるみは，「慰める存在」として慰めの役割を発揮し，私的な世界での腹心の友となる。そして，他者の代わりに，社会的自立への橋渡しをする。社会的自立がさしせまった時期では，元気づけてその自立を促していく。また，物理的によりどころとなる他者がいない場合に，両親に焦がれる思いを慰め，感触によって，リラックスさせたり不安を落ち着かせたりする。対話によって，元気づけたり不安時に慰める。

ところで，3歳以降の自我発達に果たす役割については，母子分離達成後と自我形成後のそれぞれの役割を統合して考えられるであろう。自我形成後には，ぬいぐるみが腹心の友となりうることを見たが，実際の他者が腹心の友となるということとは異なる。あくまでも，お遊びである。人がぬいぐるみは物であるということを承知の上で，友としての関係を結ぶことは，母子分離達成後で見たように物とわかりながらも生命力を感じ接するという遊びの世界，すなわち「中間領域」にいざなわれているということになる。よって，ぬいぐるみは，3歳以降の自我発達にとって，腹心の友として生涯にわたる健全な精神生活を支えるという役割を果たすとまとめて考えられよう。

ただし，物でありながらも生命力を感じさせる性質についてさらに厳密に見ていくことができる。この性質に対して，主観的に生命力を感じるのみでなく，客観的にも本当に生きていると感じる場合があるのである。無生物に対して生きているかのような感覚を抱く現象をいう「アニミズム」という言葉について述べよう。

池内裕美［2010：167-168］は，「アニミズムは，主に文化人類学や宗教学の領域と心理学の領域とで研究されてきた概念であるが，その意はかなり異なっている。前者の領域におけるアニミズムは『精霊崇拝』や『汎

霊説』と呼ばれ，19世紀に文化人類学者のE.B.タイラーが宗教の起源とみなしたことから，一般的に普及した（井口，2004：村武，1997）。そしてそれは，"自然の万物にアニマ（霊魂）の存在を認める宗教観念"ととらえられている。……略……一方，心理学の領域では，Piaget（1929大伴訳1955）が幼児期（特に6歳以下）においてアニミズム的思考が生じると考え，アニミズムを"自我と世界の混同に基づく自己中心性から生じた，無生物にも生命や意識を認める現象"と規定している（天岩・田辺，1995）ここでいう幼児の自己中心性とは，自他の区別が十分ではないため自他未分化な状態にあり，他人の立場で考えることが難しいことを意味する。それゆえ幼児は，主観と客観とを同一視し，精神や生命のない客観的なものでさえも主観と同様に生あるものと見なすことになるという（高橋，1957）」と，まとめている。

このように，アニミズムには，宗教信者における「精霊崇拝」や「汎霊説」という意味合いのアニミズムと，幼児に見られる「自己中心性から生じた，無生物にも生命や意識を認める現象」という意味合いのアニミズムがあることがわかる。こうしたアニミズムをもってぬいぐるみに接すると，前者のほうではぬいぐるみを呪術の対象としている場合に限るとしても，主観的にも，客観的にもぬいぐるみは生きていると感じられるということになる。

さらに池内［同前：168］は，「その後の研究では成人にもアニミズム的思考の存在が確認されている。……略……こうした成人にみられるアニミズム反応には『比喩的アニミズム』と呼ばれるものが多く（天岩・田辺，1955），"そのような気がする"という意味での『感』的認識としてとらえられている（大元・秋山，1988）。これは無生物に生命の存在があることを知的には認めていないが，なんとなく感覚的には認めている状態といえ

よう。……略……成人のアニミズムは『実際に生を認めているわけではないが，無生物に対して神性や生命の存在を感じる現象』として再規定できる」と述べている。池内の言う「成人のアニミズム」というものは，客観的には物であるとわかりながらも，主観的には生命力を感じる現象と同義であると考えられる。

　本論Ⅰ章Ⅱ章では，ぬいぐるみの自我発達に果たす役割を，1～3歳と3歳以降で論じ分けた。それは，D. ウィニコットの言う「移行対象」としての役割が，母子分離がなされる3歳頃までに終結することと，H. ワロンの言う自我形成，一人二役遊びによる内なる他者の獲得が3歳頃までに達成されることからである。これに対して，幼児のアニミズムと成人のアニミズムを考慮にいれると，幼児のアニミズムは2～7,8歳の前操作期にみられる［鹿取廣人，斎賀久敬，河内十郎，杉本敏夫，2011：56-57, 172］ことから，さらに発達段階を細分化して考えることもできよう。

　1歳代では，ぬいぐるみは移行対象や，やりとり遊びの相手となりはじめるが，ぬいぐるみに対して生命や意識をいまだはっきりとは認めていない状態である。2～3歳においては自己中心性から，ぬいぐるみに客観的にも生命や意識を認めて接し，ぬいぐるみは移行対象としての役割，内なる他者の獲得への手がかりとしての役割をにない，母子分離と自我形成がなされる。3歳～7,8歳の自己中心性をいまだ抜け出せていないあいだはぬいぐるみに対して引き続き客観的にも生命や意識を認めながら接し，ぬいぐるみは中間領域へのいざないと腹心の友としての役割を果たしはじめる。そして，7,8歳以降，自己中心性を抜け出した頃には，ぬいぐるみに対して，「成人のアニミズム」，すなわち客観的には物であるとわかりながらも，主観的には生命力を感じることとなり，中間領域にあるという意味合いが自身でも理解され，ぬいぐるみは生涯にわたって健全な精神生

活を支える腹心の友となりうると考えられる。

　ここで強調しておきたいのが，たとえ客観的に物であるということを理解できず本当にぬいぐるみが生きていると感じられるアニミズム的思考段階の幼児に対しても，ぬいぐるみが物であるという性質は必ず幼児の思考に影響を与えていることであり，物でありながらも生命力を感じさせる性質があるからこそ果たす役割はなされると考えられる。

　最後に，本論全体を通して浮かび上がった，人にとってのぬいぐるみという存在を改めて示す。人格的に扱われ，「話し相手」のような存在となり，私的な世界を共有する「腹心の友」となりうる。また，守ってやりたいとも，守られているとも感じられる「相棒」となりうる。

　以上，第1部では，ぬいぐるみは，人にとって，「話し相手」，「腹心の友」，「相棒」などの言葉で表されるような存在になり，人の自我発達を生涯にわたって支えうることが示された。

第2部

ぬいぐるみ遊びと精神病理

　第2部では，ぬいぐるみ遊びを「想像の遊び友達（イマジナリー・フレンド：IF）」と広く捉えた上で，乳幼児期，思春期・成人期，老年期といった各々の発達画期においてぬいぐるみおよびIFが特定の人たちに立ち現れてくる機序，特に青年期以降のぬいぐるみ・IF保持者にとっての意義——その精神病理面も含めて——について論述していくことにしたい。第2部では進化心理学，進化発達心理学，社会学的身体論，解離研究などの知見を動員しながら，ぬいぐるみ遊び（IFとの交流・対話）を総合的に捉えていくことにする。

Ⅰ. 進化発達心理学と想像の遊び友達の意義

1. 進化的適応のトレードオフ——進化人間行動学の射程

　一般に，進化心理学，進化生物学，進化栄養学，進化医学（ダーウィン医学），進化経済学（行動経済学）等々を総称して「進化人間行動学」と呼ぶが，これは，C.R. ダーウィンの進化論をヒトの行動や思考の仕組みの理解へと応用した新しい学問分野の総称である。

　進化人間行動学の基本的な考え方とは，私たちヒトの行動や思考は過去の旧石器時代または狩猟採集時代の生活に適合するように，チューニングされているというものである。しかも，進化人間行動学では，最新の脳科学を参照・活用しながら，旧石器時代または狩猟採集時代のヒトと，今日の私たちヒトとでは身体および脳の構造は同じであると捉える。見方を換えれば，私たちヒトの人体の構造と機序が30万年前（ただし，飛躍的に進展したのは5万年前）に遡る生物学的適応の結果だということである。

　ところが，今日の文明社会が実現した生活環境は，一見，私たちにとって快適な環境であるにもかかわらず，実際には私たちの行動や思考の仕組みが進化してきた時代の環境とは大きく「ずれ」，齟齬をきたしている場合が少なくない。もっと言えば，私たちヒトがその時代の生活環境に適応したことが，後の時代になって，特に今日になって適応どころか，不適応（不具合）を起こしていることが少なくないのだ。そのことは，進化的適応の副作用だと言っても過言ではない。

　したがって，進化人間行動学は，こうした「ずれ」もしくは「適応の不適応化」を明確化し，今日の私たちにとって少しでも生きやすい社会の構築に向けた指針を打ち出すことを目的とするのである。さらに，進化人間行動学は，近代に誕生した生物学・生理学・心理学などとは，認識の枠組

み，特に原因の捉え方が根本的に異なる。

　たとえば，近代に誕生した生物学・生理学・心理学は，直接的な要因，すなわち「至近要因（proximate factor）」［Cartwright, 2001 = 2005:11ff.］を問題にする。生物学や生理学は，至近要因として遺伝要因を究明する。心理学は，至近要因として経験要因を究明する。ここで経験要因というのは，Aという状況になれば自分もBを体験するであろう，といった経験則（因果律）のことである。

　これに対し，進化人間行動学は，間接的な要因を問題にする。つまり，進化人間行動学は，目的としての生物進化上の仕組み，すなわち「究極要因（ultimate cause）」［同前］を問題にする。それは，生得的な情報が人間に備わった過去の経緯，すなわち人類の祖先が生息した環境，特に困難な状況を超えて生存競争に勝ち残り，生き残ること（サバイバル）の歴史を究明するのである。したがってそれは，過去のある時期において環境に対する適応をめぐって激しい競争があった，それゆえ，ヒトには云々の特性が備わったのだと捉えるのである。つまりそれは，いま，私たちヒトが生存していること自体，環境への適応の結果を意味するのである。ところが，ヒトにとってある時代・時期の進化的適応およびそれに基づくサバイバルが，後の時代（特に，今日の文明社会）において有利であり続けるどころか，かえって生存的不利になることが少なくない。

　こうした事例としてまず思い浮かぶのは，節約遺伝子（肥満遺伝子）である。進化栄養学が明らかにしたように，長らく慢性的に飢餓状態にあったヒトは，節約遺伝子によってわずかの食糧を栄養として効率的に体内に貯め込むことによって過酷な環境に適応してきた。ところが，今日の先進諸国のように，慢性的な飽食状態になっても節約遺伝子をビルトインした身体の機能そのものは何ら変わらないことから，栄養の過剰摂取となり，

肥満やメタボなどの生活習慣病，挙げ句の果てはⅡ型糖尿病という慢性疾患になってしまう（［中井，2013］で述べたように，低体重出生児の増加もこれと同じ機序に因る）。つまり，慢性的な飢餓状態にある時代では生存的有利，ひいては進化的適応になったことが，後世，特に今日において生存的不利になってしまうわけである。これは，進化栄養学の知見であるが，進化心理学の知見に目を向けると，たとえば，次のようなものが挙げられる。

まず，ヒトが魚時代に獲得した扁桃体は，天敵から身を守るということで進化的適応（すなわち，生存的有利）であったにもかかわらず，後世，特に今日の社会ではストレスという「天敵」から身を守るために，扁桃体の過剰な稼働によって——コルチゾール大量分泌とそれによる脳の萎縮——，うつ病発症の原因となるが，このことは，生存的有利であった機能が生存的不利となった典型的なものである。

さらに，拙著で詳述したように［中井，2015］，ヒトにとって生存的有利となるはずの記憶がトラウマ記憶および急性ストレス障害（ASD：Acute Stress Disorder）・心的外傷後ストレス障害（PTSD：Post-Traumatic Stress Disorder）へと反転することが挙げられる。簡潔に述べると，古い記憶はそれに関連する新しい情報がインプットされたとき，想起され，一旦，不安定化するが，新しい情報と連合する（心的活動の要素が相互に結びつく）ことで更新，すなわちアップデートする。こうした，再固定化サイクルでの，古い記憶の新規情報との連合による記憶のアップデートは，人間（特に，幼児）の知識形成においては極めて重要な機能である。ところが，こうした記憶のアップデートは，トラウマ記憶を抱える人たちやADS・PTSDを発症した人たちにとっては，最悪の機能となる。皮肉なことにも，人間にとって進化上，有意義な機能となるはずの，連合や記憶のアップデー

トに基づく概念・知識形成が，一部の人たちにとってはマイナスの機能となるわけである。

　こうして，前述したうつ病の進化上のトレードオフ，すなわち天敵から身を守るために進化上有利に働いた扁桃体が，後の時代の生活環境・状況（ストレスフルな生活状況）で過剰に，つまり不利に働き，たとえばうつ病の原因（進化心理学のいう，生物進化上の目的にあたる「究極要因」）となる事態と，新旧の記憶（表象・観念・概念）の連合という形での記憶のアップデートは，トラウマの特徴であるフラッシュバックが新規情報（この場合は，古いトラウマ記憶と関連のない体験・学習）と古いトラウマ記憶との連合によって起こる事態とはまったく同じなのである。記憶のメカニズムにともなう，連合のプラス面は，そのまま反転してトラウマおよびADS・PTSDといった連合のマイナス面となるのである。その意味においてトラウマ記憶は，進化的適応のダークサイドなのだ。人類は，豊かな知識形成を得ることの代償としてトラウマ記憶を背負うことになったわけである。

　このように，進化人間行動学は，30万年前のヒトにとっての進化的適応（生存的有利）が今日のヒトにとっての生存的不利へと反転することを端的に示している。これはまさしく進化上のトレードオフである。

2．乳幼児期の即時的機能——進化発達心理学の射程

　ところで，進化心理学や進化生物学をはじめ，進化人間行動学は，それ自体，意思がなく，決められたプログラムをただ実行するだけの遺伝子が，次世代への継承（引き継ぎ）を目的にしつつ，その遺伝子（遺伝）的プログラムを搭載した個体（ヒトを含むあらゆる生物）を通してその目的を実現していくという進化的適応主義の立場に立つ学問である。つまり，遺伝

的プログラムを搭載した個体は，自然淘汰に抗して自らの生き残り（サバイバル）と次世代への継承（種の保存）に向けて合目的的に行動していく，いわば環境に適応していくことを目的としている。進化人間行動学において環境に適応するのは，ヒトの場合でいうと成人であることが前提とされてきた。

　ところで一般的に，いまだ成人ではない子ども（特に，幼児）は青年や成人と比べて，病気に罹りやすいのであるが，このことは進化人間行動学ではどのように説明することができるのであろうか。

　まず，生物学に基づく至近要因による説明では，産まれてまもなくの時期は感染症から身を守るために，母親から免疫を授かるにもかかわらず，その後，幼児になるとこうした免疫システムからの保護がなくなり，その一方で自らの免疫システムが十分確立していないことから病原菌などに対する抵抗力が弱く，急性の病気に罹りやすいということになる。

　これに対し，進化人間行動学（この場合は進化生物学）に基づく究極要因による説明では，子どもはいまだ成人ではないからだということになる。どういうことかというと，生殖年齢に到達した成人が万一急性の病気に罹ると，その個体は子孫を残すことができなくなるがゆえに，成人では病気に罹りにくくなる。生殖年齢に発症（発現）しやすい病気の遺伝子は，進化の過程で淘汰されてきたのではないかと考えられる。生殖年齢の成人に急性の病気が少ないのは，ただひとえに，子どもを産む，すなわち子孫を残すといった進化上の目的を実現するためなのだ。見方を換えれば，進化生物学的には，子どもが成人へと成長するまでは生存の保障は得られないことになる（事実，旧石器時代など太古では，乳幼児死亡率が著しく高かった）。つまり，子どもは成人にまで成長しさえすれば，急性の病気を免れ，生存の危機を回避することができるのだ。

このように見ると，進化心理学や進化生物学をはじめ進化人間行動学は，生殖期にある成人（大人）の進化的適応，すなわち環境への適応としての個体の生存と種の保存にのみ関心を抱いてきたことがわかる。しかしながら，D.F. ビョークランドらが述べるように，「ヒトの祖先が乳幼児期に経験した環境や淘汰圧は，成人期に経験した環境や淘汰圧とは異なっていた」［Bjorklund, Anthony 2002＝2008：38］と考えられる。つまり，「子ども時代に見られる特性の多くは成人期の準備になると考えられているが，子ども時代の適用的側面のすべてが，成人期の機能と関連していると考えるのは誤りである。むしろ，乳児期，子ども期の特徴には，後に訪れる成人期への準備としてではなく，発達のある特定の時期において適応的価値を有するために進化したものも存在すると考えられる」［同前］のだ。

　こうして，ビョークランドらは，進化心理学（進化人間行動学）に対し，進化発達心理学を提唱する［森口佑介，2014：233-237］。前述したように，乳児や子どもに急性の病気が多いのは，この乳幼児期の淘汰圧を撥ね返さない限り，乳児や子どもは成人（大人）になることができないのだ。つまり，こうした考え方は，「適応の多くは，発達のある特定の時点に限定的に作用し，幼若な生物が成体まで生きのび，やがては繁殖を行う可能性を高める」という「個体発生的適応」［同前：39］を正当化する。そして，「このような適応は，成体がもつ特徴の単なる未完成版ではなく，乳幼児期，子ども期を生きのびるための特別な役割を有し，その必要性がなくなると消失する。」［同前］

　ビョークランドらは，ヒト（成人）の系統発生における進化的適応（進化心理学）に対し，乳幼児（子ども）の個体発生における進化的適応を対置し，それを「進化発達心理学」と名づけた。進化発達心理学において重要なのは，「即時的利益（もしくは即時的機能）」と「遅延的利益（もしく

は遅延的機能)」という対概念である。ビョークランドらによると，「子ども時代の特徴には，発達のその時点で環境に適応するための特徴もあれば，反対に後の生活への準備となる特徴もある」［同前：134］が，この場合，「発達のその時点」での環境適応となるものが「即時的利益（immediate benefit）」であり，「後の生活への準備」という点で環境適応となるものが「遅延的利益（deferred benefit）」である。ところが従来，遊びに代表されるように，子どもの活動の大半は，成人期への準備，すなわち将来大人になったときの準備・練習だと見なされてきた（たとえば，生活準備説）。

しかしながら，「遊びには一見，即時的な機能が欠如しているが，実際には，発達における遅延した機能，あるいは，遊ぶ者（そして観察者さえ）が気づかない即時的な機能が隠されている」［同前：345］のである。

ビョークランドらは，遊びをはじめ，こうした気づかない即時的機能を数多く例示している。列挙すると，新生児特有の適応的機能（コミュニケーションおよび社会的相互作用の促進）を有しながらもその後の発達画期とは異なる形で機能する「新生児模倣」［同前：39-40］，出生後に特定の即時的機能を発揮しながらも後に消失してしまう「乳児期の吸啜反射」［同前：40］，社会的シグナリングの習得および練習，仲間集団でのリーダーシップの確立や他者の力量評価，骨格・筋肉の発達といった即時的機能を有する「取っ組み合い（R&T）遊び」［同前：40］である。

さらに，ビョークランドらは，「幼児はワーキングメモリの容量が不十分であるため処理できる言語情報量が制限されるが，そのことにより分析すべき内容が単純となり，言語獲得が達成しやすい」［同前：146］，「メタ認知的知識が未成熟であることによって，幼児はさまざまな行動の模倣を，それが無駄だと考えることなく試みることができる。その結果，頭の良い幼児は新しい行動の実験と古い行動の練習を続け，試行錯誤学習が非常に

重要な時期に能力を高めていくのである。……子どもの未熟な認知には子どもの発達的ニッチにうまく適合している側面があり，必ずしも克服しなければならない欠陥とは言えないのである。」［同前：217］

　このように，乳児に目をやると，新生児模倣，乳児期の吸綴反射，取っ組み合い遊びのように，その各々の発達画期に特有の即時的機能および限定的な適応が見られるのであり，次に，幼児に目を移すと，ワーキングメモリの容量の不足が言語獲得に有利に機能したり，メタ認知的知識の未成熟さが試行錯誤学習に有利に機能したりするのである。「進化の過程において，成人期まで生きのびる上で適応的な乳幼児期および子ども期の特徴にも淘汰が働いてきたこと」［同前：43-44］に思いを馳せるならば，これらの即時的な利益もしくは機能は——当事者は勿論のこと，観察者にさえ気づきにくいものであるにもかかわらず——，当然，想定されるべきものである。繰り返し強調すると，これら乳幼児期に見られる即時的機能は，乳幼児（子ども）が大人（成人）に成熟する上で不可欠な要因なのだ。

　ビョークランドらは，成功した個体（成熟した成人）が繁殖して自らの子孫を残すことを基準にした進化心理学に対し，成人期に至るまでの乳幼児が生き存える（生きのびる）上でのリスク回避要因——遅延的機能を想定するような成長促進要因ではなく——を見出したのである。

　以上，進化発達心理学は，従来，遅延的利益（機能）として見過ごされてきた，乳幼児期固有の即時的利益（機能）を子どもが大人になるまでに不可欠なものであることを明らかにしてきたが，その反面，新生児模倣や遊びなど，乳幼児期の淘汰圧を撥ね返す活動がその後，特に成人したときに有用なものだと捉えてきた。ところが，進化心理学よろしく，ある時期に進化適応した機能がその後のヒトにとって不利になるものも少なからず存在するのではなかろうか。進化発達心理学でいう即時的機能のすべてが

成人後に有利に働くどころか，かえって不利に働くこともあるのではなかろうか。その1つとして筆者が考えているのが，これまで取り上げてこなかった，1歳後半から2歳頃までに起こるふり遊び，特に，「想像の遊び友達」との交流である。本書はぬいぐるみ遊びを主題としているが，「想像の遊び友達」の典型こそぬいぐるみなのである。

　ただ，急いで付け加えると，こうした問いは聊か性急過ぎるのではあるまいか。というのも，子どもにとってぬいぐるみがIFとなる以前に，ぬいぐるみがぬいぐるみになること自体，決して自明なことではないからである。ぬいぐるみがIFとなる以前に問われるべきは，ぬいぐるみが動物もしくは身体を持つ生き物としてではなく，文字通りぬいぐるみとして子どもの前に立ち現れるその機序なのである。なお，「想像の遊び友達」としてのぬいぐるみ遊び（ふり遊び，ごっこ遊び）についてはその記述の後で詳述していくことにする。

Ⅱ．ぬいぐるみの母子発生論
　　　――ぬいぐるみがぬいぐるみとなる理路

1．社会学的身体論というフレームワークの導入
　　　――「過程身体」から「抑圧身体」へ

　ところで，誕生後まもない乳児にとって世界はどのように立ち現れるのであろうか。そのことに関して乳児は海馬をはじめ記憶力が未成熟であるため，脳科学の知見に依拠することができない。したがってここでは，大澤真幸の社会学的身体論を手がかりにして，さまざまな人間諸科学を総合したメタ理論の立場から誕生直後の乳児の生活世界およびその展開過程を記述することにしたい。平たく言うと，社会学的身体論とは，個々の身体

同士のコミュニケーションから超越性（超越的身体性）が生成し，社会的な意味や規範が確定していくプロセスについて記述する理論である。つまりそれは，本来，物質的かつ内在的な身体が，意味と規範の超越的秩序を生成・解体する機序について記述する社会学理論，すなわち社会・国家の発達のプロセス（小部族から国家への進展のプロセス）を記述することを目的としたものであるが，その論理構成の同型性において，それを子どもの精神発達へと適用・応用することができると考えられる。社会・国家の発達が系統発生だとすれば，子どもの精神発達は個体発生に対応する。ここでは，両者の発達プロセスを概観しながらも，主に乳幼児の精神発達のプロセスについて記述していくことにしたい。

　ところで，大澤は，乳児の原初的な生活世界を記述する上で，初発に次の概念群を用いている。「原身体性」，「求心化作用」「遠心化作用」という対概念（「志向性」），「過程身体」，「抑圧身体」である。こうした主要な概念から派生してくる副次的な概念についてはその都度提示することにして，この記述を開始したい。

　まず，「原身体性は，外的に対峙すべき一切の対象を持たず，あらゆる知覚・感覚器官を未活性状態においた全一的・前差異的な世界である。」［大澤真幸，1990：18］わかりやすくいうと，それは，乳児が自らの身体を活動させるところのベースとなる出発点であり，乳児にとってただ生きられている渦中のものである。あらかじめ述べると，「原身体性」は，「志向作用」を介して「過程身体」，そして「抑圧身体」へと発達していくところの端緒である（大澤は「原身体性」を感覚遮断などの操作によって人為的に「物質と同化し，外界へのあらゆる選択的な関与［指示］を未活性状態においた，……内在性の極点」としての「身体の境位」［同前：18］だと退行的，遡及的に捉えているが，ここでは発達心理学的文脈において

この概念を捉えることにする)。

　こうした「原身体性」の段階では，乳児にとって自分と他者，身体とモノとの区別・差異さえ一切ない，まったく未分化の状態にある。乳児の生活世界は，すべてのものが未分化なのである。

　ところが，誕生後まもなく，こうした未分化な生活世界の中に「志向作用」が出現してくる。ここでいう「志向作用」とは，意識が何らかの対象に向かっていることを指す。哲学では一般に，意識は何かについての意識であるというのは，この謂いである。「身体は，志向作用の発動に伴って，事象を今この座にある身体の近傍に配列させた相（地平構造）で把握するような自己中心化の働きをもっている。この働きを我々は求心化作用と呼ぶ」［同前：26-27］。「また，このとき『近傍の中心』となった身体上の点を『志向点』と呼ぼう。」［同前：27］いま，これらの概念を用いて，乳児の立場から記述し直すと，乳児は身体上の特定の一点としての「志向点」から「志向作用」の対象となる事象——発達初期では他者とモノは未分化であり区別されない——を自らに対するものとして配列する，と表現することができる（この配列は後に，遠近法的な配列・配置へと発達するところのベースとなるものである）。

　これに対し，「志向作用が把持する事象がそれに対して存在しているような志向点を他所へと移転させる操作のことを，我々は遠心化作用と呼ぶ」［同前］。「遠心化作用」についてまず確認すべきことは，それが「求心化作用」という身体の能力を前提とするものだということである。つまり，「身体は志向点を空間内の任意の場所へと拡散させることができることになる」［同前：27］のである。個体発生論的には——発達論的には——，まず，「求心化作用」，そして「遠心化作用」となる。もっと言うと，「遠心化作用」とは，まず身体が「求心化作用」を通して「求心点」

を中心に配列した世界を超えて，すなわち「求心点」が作り出す生活世界の「外部」に「求心点＝自分」とは異なるもう１つの能動的な点（「求心点」に対する「遠心点」）を見出して，その「遠心点」が「求心点」そのものを「他所へと移転させる操作」もしくは作用のことなのである（「求心点」と「遠心点」をあわせて「志向点」と呼ぶことにする）。

　このように，「志向作用に伴うこの二重の双対的な操作――求心化－遠心化作用――を，同時的・同権的に作動させている身体の状相を，我々は『過程身体』と呼ぶことにしたい。過程身体は，志向作用を空間のそこ・ここに現出させる動的な流れのようなものである。……過程身体は求心化－遠心化作用の目的なき戯れを生きるのである。」［同前］「過程身体」は，「求心化作用」と「遠心化作用」の「目的なき戯れ」，すなわち両作用の幾度にも及ぶ反復（反復の頻繁化＝絶えざる入れ替わり）を生きるのである。

　乳児の生活世界が豊かなものへと進展していくのは，こうした「求心化作用」と「遠心化作用」といった，「原身体性」の水準にあった身体では考えられなかった動態的な流れとなる。これらの「求心化作用」によって乳児の生活世界は，区別・差異化されることによって複雑なものへと変貌していく。

　ところで，「過程身体」について再度，確認しておきたいことがある。大澤が示す，乳児（６ヶ月男児）がレモンのすっぱさを知覚するという例，すなわち，この男児が半割のレモンを舐めてすっぱさを感じた後，３分してから他者がそのレモンを舐めようとしたとき，男児はすっぱそうに顔をしかめ口をすぼめた，というものであるが，この場合，この男児の「身体は，遠心化して，〈他者〉の身体が存在するあの位置において，すっぱさを覚知し（自らを〈他者〉と同化させ），直ちにこの体験の帰属場所を求心的に反転させ，『自らの身体』のあるこの位置における覚知として，感

受してしまっている」[同前：43] ということである。ここで重要なのは，この男児の「身体にとって，あの身体の位置（遠心点）における体験と，この身体の位置（求心点）における体験とは，互換的で区別のない，基本的に同一なものとして，明証的に覚知されてしまう」[同前] という点である。つまりこの場合の男児は，「遠心点」における体験＝「求心点」における体験，すなわちレモンにすっぱさを感じるといった，まったく同一の体験にすぎない。もっと言うと，「過程身体」にあっては，自分の体験も他者の体験も同じものと覚知されるのだ。「過程身体」において，「求心化作用」と「遠心化作用」が生活世界をうつろうというのはその謂いである。私たち大人は，「求心化作用」を基準に「遠心化作用」を派生的に捉えがちであるが——他者（の体験）への感情移入もしくは推論——，乳児が生きられる「過程身体」においてこうした区別・差異はいまだないのだ。

　そして，「求心化作用」と「遠心化作用」との絶えざる反転，幾度にも及ぶ反転の結果，複数の「志向点」にとって共通の志向対象が生活世界の中に立ち現れてくる。「遠心化作用」は，予見することができるように，他者の萌芽——正確には，事物・モノと区別された存在としての他者——なのであるが，「ある志向作用は，この身体（求心点）に帰属すると同時に，共起しているあの身体（遠心点）＝〈他者〉にも帰属するものとして，励起してしまう」が，「このとき，同じ一つの志向作用を共属させている複数の身体（〈他者〉達）の間の差異は，まさにこの共属性ゆえに無関連（無意義）化するから，それらの複数の身体達はひとつの間身体的な連鎖の内に連接されてしまう」[同前：50] のである。こうした「間身体的連鎖」を通して乳児の身体は，共通の志向対象を見出す。正確には，「乳児の身体は，『間身体的な連鎖』の内部に組み込まれつつ活動している」

［同前：51］のだ。

　「乳幼児に見られる共鳴的な同調反応やそれに類する諸反応においては，『乳幼児の身体』と〈他者〉の身体が，一つの志向作用を共有しつつ世界に関与するものとして，一種の間身体的な連鎖を樹立している」［同前：52］のである。発達心理学の知見が示す，「共鳴的な同調作用（シンクロニー）」，「泣くことの伝染」，「体位の受胎」，「嫉妬」等々，この頃の発達画期に見られる「間身体的連鎖」の例示には事欠かない。大人の場合，その代表は「雰囲気」である。

　ところで，「間身体的連鎖上で同時に顕現し感受されている〈他者〉達の数が十分に大きく，かつそれら〈他者〉達に帰属しているものと感受されている異和的な志向作用の強度と対象を弁別する性能が十分に高ければ，……志向作用の対象が，……間身体的連鎖に組み込まれているどの特個的な志向作用に対しても自らの恣意的な改変から独立したものとして現前することとなるはずだ。」［同前：58］要するに，「間身体的連鎖」をなす身体（志向点）の数が十分多いこと，志向作用の強度と弁別性能が十分高いことといった条件が備わっているとき，「個々の志向作用を言わば代表する，ひとつの抽象的な志向作用が存在するかのような錯視が生じることだろう。このとき，この抽象的な志向作用の帰属点となる半ば抽象的な身体が，擬制されることにもなるはずだ。」［同前：60］この「抽象的な身体」には，個々の身体（「過程身体」）にとってあたかも超越的身体が存在するかのように立ち現れることにより，そこに帰属するものとして「規範と呼ばれる妥当な状態を選択する操作」［同前］が成立するのである。

　このように，「規範の選択性が帰属せしめられるこのような抽象的な身体の座」を大澤は「第三者の審級 the instance of the third person」［同前：61］と呼ぶ。それは「ある範域の（集合をなす）身体達の妥当な（可能的・

現実的）志向作用のすべてを代表しているものとして現れる超越的な志向作用の帰属場所となる，多少なりとも抽象的な身体の存在場所，のことである。」［同前］そして，「第三者の審級を占拠する抽象的＝超越的身体が，過程身体の求心化－遠心化作用が顕現させる身体達の集合を代表するのみであるような場合，その抽象的＝超越的身体を『抑圧身体』と呼ぶ」［同前：62］のだ。

以上のように，大澤の社会学的身体論を敷衍しながら，身体が活動するベースとなるところの「原身体性」から「志向作用」を通して「過程身体」，「間身体的な連鎖」を経由して「抑圧身体」へと展開していく機序を記述してきた。さらに，大澤の身体論は，「集権身体」「抽象身体」へと進展するが，ぬいぐるみを研究課題とする本書は，「抑圧身体」を記述するにとどめ，次に，発達心理学の立場からこの，極めて抽象度の高い身体論に肉づけを施していくことにしたい。

2．社会学的身体論フレームワークの発達論的適用

家庭乳児の身体は「過程身体」から「抑圧身体」へと向かうが，まず，「過程身体」，次に「過程身体」から「抑圧身体」への移行（途上），そして「抑圧身体」形成後というように，3つの段階に分けた上で，各々について，家庭乳児と養育者（母親）の関係から捉えることにする（以下，「家庭乳児」を「乳児」と簡略化して表現する）。

（1）「過程身体」水準の乳児と母親

まず，「過程身体」において乳児の身体が幾度にも及ぶ相互的なかかわりを行う中で身体（身）の相互交換（互換）を行う対象は，特定の養育者，特に母親の身体である。「過程身体」の段階では，「遠心化作用」によっ

て乳児が母親になり，母親が乳児になるといった身の互換が常態化する。そして，こうした幾度にも及ぶ身の互換を通して，やがて乳児は身体を母親の身体を「第三者の審級」として投射していくことになる。裏を返せば，乳児の身体は「過程身体」という発達時期を十分やり遂げた上で，「抑圧身体」へと移行していくとき，精神分析的な意味での，「過程身体」への固着が起こらず，母親とのあいだに「抑圧身体」が円滑に生成されることになる。母親が乳児に対しあまりにも早く（幼いうちから）自立することを要請してしまうと——「過程身体」から「抑圧身体」への移行が性急過ぎると——，かえって「過程身体」への固着が起こる可能性がある。むしろ，乳児の身体は「過程身体」から「抑圧身体」へと一方向的に向かうわけではなく，「過程身体」と「抑圧身体」を行き来すると考えるのが普通なのである。極端な育児方針（自立礼賛，甘えや依存の禁止）をとらない限り，大半の一般家庭では，乳児の身体は母親とのかかわりの常態化を通して「抑圧身体」へと円滑に移行していくはずである。

　ところが，母子関係以外の事柄が原因となって「過程身体」への固着が「抑圧身体」の擬制を困難にするケースがある。このケースは，ごく普通の一般家庭では乳児の身体が「過程身体」から「抑圧身体」へと移行していくことを逆照射していることから，次に示しておきたい。

　イギリス在住の一卵性双生児，ギボンズ姉妹は，標準以上の知的能力や言語能力を持っていた。にもかかわらず，この姉妹は，両親や兄弟を含むすべての他者（＝第三者）に対しまったくコミュニケーションを行うことができなかった。ところがその一方で，彼女たちのあいだでは完全な会話が成立していたという［Walles, 1986＝1990］。この双子のケースは，姉にとっての妹と，妹にとっての姉が等しくなる（姉＝妹）ため——姉と妹が互いに互いの鏡もしくは汝−汝関係となるため——，第三者に開かれる

余地がないと考えられる。ここで第三者に開かれるというのは、社会的な関係が形成され得ないことを意味する。この実例はかえって、第三者の審級（「超越的身体」もしくは「抑圧身体」）が基本的なコミュニケーションを社会的コミュニケーションへと進展させていく——子どもを社会的な存在へと発達させていく——重要な発達媒介となることを示している。

この双子の姉妹は、"二人ぼっちの世界"、すなわち自他未分化な「過程身体」の水準で自足していたのである。こうした「過程身体」への固着はかえって、自分たち以外の他者（＝第三者）とのかかわりを拒絶してしまうのだ（正確には、こうした他者との直接的な関係を必要としないわけだ）。これは双子の場合であったが、これと同一のことが母子関係で起こるとすれば——「母子密着」「母子カプセル」と表現されるように——、乳児は「過程身体」への固着および「抑圧身体」（の擬制）への移行困難が起こらないとも限らないのである。「過程身体」から「抑圧身体」への移行は、すべての乳児に約束されている必然的な発達過程ではなく、あくまで確率的な——誤解を恐れずに言えば、偶然的な——事柄なのである。

(2)「過程身体」から「抑圧身体」への途上の乳児と母親

次に、「過程身体」から「抑圧身体」への移行（途上）、すなわち「抑圧身体」の形成の当初においては、「過程身体」の水準で乳児と母親の身体が幾度も互換する中から、乳児の身体でも母親の身体でもない、いわゆる第三の身体が生成されてくる。そして、乳児はこの第三の身体としての超越的身体を母親の身体として重ね合わせるのである。このとき、乳児にとって「抑圧身体」はいまだ確立されておらず、乳児の身体は現前する「超越的な第三の身体＝母親の身体」と「間身体的連鎖」を織り成す。超越的身体が目に見える（現前する）以上、乳児に対する影響力は小さく、そ

の身体が強いる規範は個別的で脆弱なものにすぎない。見方を換えれば，「第三者の審級」となる超越的身体は，現前する母親の身体と同一では決してないのだ。

　ところで，乳児の身体にとって母親の身体が目に見える「超越的身体」であることは，一般的にいわれるように，乳児にとって母親の影響力のあるテリトリー空間が安心してくつろげる居場所になることを意味する。乳児の身体は，母親の身体によって覆われるこのテリトリー空間の圏内にいる限り，たとえ乳児が規範の声によってさまざまな指示や命令を強いられるにしても，安全は保障されるのだ。裏を返せば，このような母親の身体と重なり合っているテリトリー空間の圏内から外に出てしまうと，乳児は不安や恐怖を覚える。たとえば，乳児は自らの視界から母親の姿が消えてしまうと，泣き出したり慌てふためいたりするのは，そのことの証左となる。乳児の身体は母親の「超越的身体」の圏内にいる限り，事物と身体，自己と他者は安定した意味や秩序を保持することができるのである。乳児の身体は，「過程身体」から「抑圧身体」への途上において，母親の見える「超越的身体」と重なり合うことによって，その圏内で起こるすべてのことは意味のある世界となるのである。「超越的身体」の圏外は，乳児にとって闇の世界にすぎない（本書ではこれ以上しないが，「超越的身体」の圏外へと連れ出すのは，父親もしくは父性の役割であって，父親は子どもをこうした安全な居場所から外へと連れ出す仕事を果たすことが考えられる。父親の唯一の役割とは，子どもが未知の体験，たとえば自然・闇・野生の体験へと誘う媒介者となることである）。

　そして，乳児の身体は，全生活において母親の身体との濃密な互換を通して，さまざまな「超越的身体」と重なり合わせていく。こうした重なり合いの頻繁化・豊富化は，乳児に規範の形成を確固たるものとしていく。

やがて，乳児の身体は母親の身体を「第三者の審級」として投射し，「抑圧身体」の水準へと移行するのである。

かくして，乳児は「抑圧身体」の確立に向かうことになる。では，「抑圧身体」確立のために，具体的には，規範の声が乳児の中に生成されるために，何が必要となるのかと言うと，それは次のようになる。「抑圧身体」とは，母親が幾度にも及ぶ身体の互換を通して乳児とのあいだに一種の信頼関係を形成した上で，見える超越的身体（第三者の審級）として「〜すべきである」という具合に規範の声を乳児に向けて発していく。そして，こうした規範の声によって，ただ存在するだけにすぎなかった事物や身体が初めて意味を付与され，意味のある事物や身体として乳児の目の前に立ち現れるようになる。後述するように，たとえば，クマのぬいぐるみは，単なるモノから可愛らしい玩具や仲間（家族の一員）など意味を付与されたものへと変貌するのだ（ここで，モノは事物存在，ものは意味を帯びた人称的存在を各々指す）。

やがて，乳児の身体は「過程身体」から「抑圧身体」へとゆるやかな形で移行して，「抑圧身体」を確立する。ここで「抑圧身体」を形成したか否かの水準となるのは，「過程身体」から「抑圧身体」への途上において目に見える「超越的身体＝第三者の審級」として母親の身体に重なり合う乳児の身体が，目に見えない「抽象的身体＝第三者の審級」に向けて投射するか否かにある。ただ，乳児の身体にとって母親の身体は特別なものであることに何ら変わりはない。問題なのは，乳児の身体が母親の身体と重なり合う中で，その身体が目に見える「超越的身体」から目に見えない「抽象的身体」へと飛躍することにある。というのも，前述したように，「過程身体」の水準において乳児の身体は母親の身体と幾度にも及ぶ親密（濃密）な身の交換を通して「超越的身体」を生成し，長きにわたってこ

の，1つひとつの「超越的身体」を母親の身体と重複しつつ，ゆるやかな形で「抑圧身体」を形成していくのであるが，数多くの「超越的身体」を一気に「抽象的身体」へと高めることこそ，完全な意味での「抑圧身体」確立を意味するからである。

　こうして，乳児の身体は母親の身体を通して「抑圧身体」を確立することになるが，このことがうまく成立するために，母親は乳児から次のことを求められる。つまりそれは何かというと，母親が乳児のその都度のさまざまな欲求に対し，的確に応えることができるか，正確にはどのくらいの頻度で的確に応じることができるかである。乳児の一般的な生活習慣としては，授乳，おむつ交換，睡眠が基本であるが，このように日々の生活の中で，幾度も反復される「欲求－応答」パターンが乳児と母親のあいだでうまくいくかいかないか，すなわち，乳児が泣いているとき，そのサインはお腹が減ったのか，眠たいのか，おむつを替えてもらいたいのかなど，母親が的確に判断し，迅速に対応できるか否かは，蓋然的な事柄なのである。乳児が母乳やミルクを飲んだ後，数秒間じっとしているが，これは喉を通りにくい母乳やミルクを乳児が母親に背中をトントンと軽く叩いてもらうことを待っていることに至ってはもっと蓋然性が高くなる。

　十分な意思伝達手段を持たない乳児の世話をするとき，母親は乳児の欲求に対し，迅速に的確な判断を行い，対応しなければならないのだ。その意味で，育児とは，乳児のその都度のさまざまな生得的な欲求に対して迅速かつ的確な対応を行うといった気の遠くなるような反復の営みなのだ。端的に言うと，母親から見て育児は回数，すなわち乳児の欲求にどれだけの頻度で的確な応答ができたかに収斂する（ここでいう乳児の欲求は，文化的なことが介在するとはいえ，主として生物的な欲求であって，過剰な欲求としての欲望を意味しない）。乳児と母親の良好な関係が形成される

には，母親が乳児の欲求に対しかなり高い頻度で的確に応答することが必要だと考えられる。

近年，社会の複雑化にともない，育児過剰としての虐待，育児過少としてのネグレクトが多くなりつつあるが，あまりの度重なる育児の失敗は，母子関係（親子関係）の破綻につながると思われる。反対に，母親が乳児の欲求に対する的確な応答の頻度があまりにも低いとすれば，日々の低調な母子関係が原因となって虐待やネグレクトを二次的に生み出すことも多々あり得る。こうした場合，乳児における「抑圧身体」の擬制が遅延するその一方で，「過程身体」の水準もしくは「過程身体」と「抑圧身体」との途上が長期化することになり，結果的に乳児の身体は，母親による「抑圧身体」の擬制を拒絶することになる。

とはいえ，大半の乳児は，いつも世話をしてくれる母親を通して自らの身体を「抑圧身体」として形成していく。繰り返すと，家庭の乳児においては，「過程身体」から「抑圧身体」への移行が極めてゆるやかにかつ順調になされることから，規範の準拠点となる「抑圧身体」を円滑にかつ自然に受けいれるのである。

(3)「抑圧身体」形成後の乳児と母親
——ぬいぐるみが親密な人称的対象となるとき

こうして，概ね良好といえる関係にある乳児と母親においては，両者のあいだで，親密で幾度にも及ぶ「求心化作用」および「遠心化作用」の反転によって乳児の身体は「過程身体」から「抑圧身体」へと非常にゆるやかな形で移行していくことになる。

乳児は，誕生後からいつも傍に居て自分の世話をしてくれる母親とのかかわりの繰り返しの中で，母親の具体的な身体を「抽象的身体」，すなわ

ち「第三者の審級」として自らに規範を強いる「抑圧身体」として認知するのである。「抑圧身体」は，乳児にとって錯視的出現として形成されるのであるが，母子間において「間身体的連鎖」が概ね良好な形で形成されることになることから，「抑圧身体」という擬制は順調に進行し，そのことと入れ替わりに，「過程身体」の水準が支配的な時期は短期化する。

　ところで，乳児の身体が「抑圧身体」を自らの内へと内化することは，内／外もしくは親密空間／非親密空間といった２つの空間を差別化することを意味する。前述したように，「過程身体」から「抑圧身体」への途上において乳児の身体が徐々に母親の目に見える「抑圧身体」と重ね合わせることを通して「第三者の審級」としての「抽象的身体」を確立してきたが，ここに至って「抑圧身体」が自らの内に内化されたのである。そして，乳児は８ヶ月頃，母親の身体と乳児の身体を覆う親密かつ安全なテリトリー空間の中に居つつ，非親密な外部の身体（母親と親密でない他者の身体）に対し人見知りを行うことになる。

　しかも，「抑圧身体」における安全なテリトリー空間の内側に乳児の身体は庇護されることで，「過程身体」の身体水準において未分化もしくは十全ではない分化にあった乳児の身体は，事物と身体，自分と他者を明確に区別することができるようになる。しかも，こうした区別の有無は，乳児にとってぬいぐるみがぬいぐるみになるかどうかということに大きく関係するのである。では次に，事物と身体の区別，自分と他者の区別という順に検討していくことにする。

①事物と身体の区別
　ところで，いまだ「過程身体」の水準にあり，「抑圧身体」の水準以前の乳児の身体にとって事物と身体は未分化なままであった。したがって，

この時期の乳児とぬいぐるみとのかかわり方は，前述した他人がレモンを舐めるのを見る男児の例と同様，「求心化作用」と「遠心化作用」によってぬいぐるみそのものである状態と，そのぬいぐるみの表情を自らの身体で作る状態が交互になされることになる。ぬいぐるみにはそれぞれ特有の顔があることで乳児は身の互換によって個々のぬいぐるみの表情を作るのだ。とはいえ，ぬいぐるみの顔は事物（モノ）であり，変化のない，静的で無表情なものであるが，乳児の身体はその無表情な表情を作るのである。やがて，「求心化作用」と「遠心化作用」の交互的な反転の繰り返しの中で，乳児は事物と身体を区別するようになる。というのも，乳児の身体にとって，ぬいぐるみのあの身体の位置（「遠心点」）で感受したことを，この身体の位置（求心点）で再現しようとしても，そのことが不可能または困難なあの身体の位置が，単なる事物として自らの身体と分離されていくからである。たとえ，ぬいぐるみのように，顔が付いていて，最小限の表情（無表情）を持ち合わせている事物であっても，その表情が変化しないことから，やがて事物として乳児の身体から分離されていくことになるのだ。この点を説明する概念として，E.ワロンの言う「体位の受胎」［Wallon，1983］があるが，それは，模倣のように，他者のしぐさに類似したしぐさを自分の身体に再現しようとすることを意味する（近年のミラー・ニューロン研究は，体位の受胎を根拠づけるものとなる）。乳児にとって，体位の受胎のできない身体は，身体ではない事物（モノ）として，分離されることになる。

　このように，乳児は自ら「求心化作用」と「遠心化作用」およびその交互の反復，そして体位の受胎を通して身体と事物を分離するようになる。そのことに加えて，乳児の身体は母親の身体との間身体的連鎖の中で両者の分離はより確固としたものとなる。具体的に言うと，乳児にとってぬい

ぐるみは直に対峙するものというよりは，母親とのあいだにあるものである。勿論，乳児は母親が不在のとき，ぬいぐるみと直接的に対峙することもあろうが，そうした機会は多いわけではない。したがって，母親を介してぬいぐるみにかかわる乳児にとって，事物が「志向点」とはなり得ない単なる対象だということを認知し，身体から事物を分離する機会は多々あると考えられる。裏を返せば，母親を介してぬいぐるみとかかわる乳児は，そのぬいぐるみが身体を持つ生きた動物ではなく，身体を持たない玩具（事物）だと認知するために，自ら「求心化－遠心化作用」の反転を努力して繰り返す必要はないのだ。繰り返し強調すると，乳児は母親との幾度にも及ぶかかわりの中で，「志向点」とはなり得ない事物を身体と分離することができるようになるのである。「抑圧身体」の水準において乳児は，身体から事物を完全に分離するようになる。

②自己と他者の区別

では，自己と他者の分離・区別についてはどうであろうか。前述したように，もしかしたら，乳児にとってぬいぐるみは身体を持つ生きた動物（＝他者）として立ち現れる可能性もあると考えられる。ぬいぐるみが身体と事物もしくは他者とモノの境界にあることから，乳児にとってぬいぐるみが身体を持った生き物（＝他者）として立ち現れるか，単なる事物として立ち現れるかは，根本的な違いとなる。ただ，「抑圧身体」の水準にあるごく普通の乳児にあっては，身体から事物を完全分離するのと同様，ぬいぐるみのような「身体を持つ事物＝他者」（事物と身体の境界となる玩具）も身体から完全分離すると考えられる。この場合，乳児にとってぬいぐるみはあくまで身体を有する事物として立ち現れるのだ。ところが，育児不全の家庭で育った乳児の場合，「抑圧身体」の水準に達していないことに

より，事物と身体，自己と他者は分化されるのが著しく遅延するため，ぬいぐるみが単なる事物として立ち現れない可能性がある。こうした可能性の中で乳児にとって8ヶ月不安となる人見知りが始まるとすれば，ぬいぐるみは獰猛かつ怖ろしい他者として現前するかもしれないのだ。普通，人見知りは，母親という安全なテリトリー空間の中から親密ではない外部の身体（父親や他者）に馴化していく体験なのであるが，育児不全の家庭で育った乳児はぬいぐるみもまた，人見知りの対象となり得るのである。

これに対し，「抑圧身体」のテリトリー空間内にいる乳児にとってぬいぐるみは，身体からの事物の分離によって身体を有する事物として立ち現れてくる。その後，乳児にとってぬいぐるみへのかかわり方を決定づけるのは，母親によるぬいぐるみの処遇である。「抑圧身体」のテリトリー空間（安全圏）内にいる乳児にとって母親がぬいぐるみを大切にしたり，家族の一員と見なしたり，ペットと同等の扱いをしたりするならば，そのぬいぐるみは乳児にとって大切な人称的な対象となる。乳児は「抑圧身体」によってオーソライズされたぬいぐるみと積極的に交流・対話を行うようになるかもしれない。

こうして，乳児が「抑圧身体」の圏内に入ることにより，ぬいぐるみは愛着の対象となるのである。繰り返し強調すると，ぬいぐるみが乳児にとって愛着の対象となり得るのは，まず「抑圧身体」の圏内においてぬいぐるみという事物を身体から分離した後なのだ。ぬいぐるみは最初，事物として乳児の目の前に立ち現れるのである。そして，「抑圧身体」の圏内に入り込んでからぬいぐるみは乳児にとって愛すべき家族の一員とか大切な人称的な対象となり得るのである。こうした場合，ぬいぐるみは人見知りにおける他者になることはあり得ない。

ところで，ごく普通の家庭における乳児とぬいぐるみとの関係を基準に

すると，発達初期における人間とぬいぐるみとの関係を捉えたものの1つが，移行対象ではないかと考えられる。第1部で共著者の堀本がぬいぐるみ論を展開するにあたってよすがとするD.W. ウイニコットの「移行対象 (transitional object)」とは，母親に絶対的に依存することで得る，乳児の全能感という「錯覚」が，しつけやトレーニングの開始を機会に「脱錯覚」され，不安や欲求不満などに苛まれるとき，乳児が母親の感覚を想起するために触れる事物のことである。移行対象となるのは，乳児は肌身離さず持っている非生物の対象，たとえばタオル，シーツ，毛布，ぬいぐるみなどである（ライナスの毛布は有名）。乳児は不安を感じたとき，これらの移行対象に触れるのだ。したがって，移行対象は，乳児が分離不安に対する防衛機制だと考えられている。こうした分離不安に対する防衛機制としての移行対象を通して乳児は，主体性や自立性や適度な自尊心などを形成していくのである。したがって，移行対象は，乳児の錯覚が脱錯覚化されていく──自分自身は万能ではないのだと思いつつ，現実を受けいれていく──プロセスにおける母親の代理物だと要約できる。

　ここで筆者が注目にしたいのは，移行対象の1つであるぬいぐるみは，毛布やタオルなどの非生物の対象，すなわち事物（モノ）だということである。見方を換えれば，移行対象は，ぬいぐるみ以外の事物でも良いことになる。移行対象論においては，ぬいぐるみと毛布やタオルと同等の事物なのであって，ぬいぐるみが事物として立ち現れるか，それとも，身体を持つ動物として立ち現れるかといった問いは不要なのである。つまり，移行対象論，特に移行対象としてのぬいぐるみ（論）は，初期発達に起こる，身体からの，事物の完全分離として捉えることができるのである（裏を返せば，移行対象論ではその後の，乳児とぬいぐるみのかかわり方は論外となる）。

しかしながら，こうした「過程身体」から「抑圧身体」への移行が性急であったり強引であったりする乳児の場合，規範を強いる「抑圧身体」（具体的には，母親）に対しては，馴染まなかったり反抗したりする。問題は，ぬいぐるみである。不幸にして，「過程身体」から「抑圧身体」へという"発達上の課題"に失敗した家庭の場合，乳児はいまだ「過程身体」の段階にとどまるか，あるいは，「抑圧身体」を十全に受けいれられないかとなる。前者の場合，乳児は，「遠心化作用」によってぬいぐるみと対峙することで，ぬいぐるみと睨み合いを繰り返すことになる。つまり，乳児は「求心化作用」によって「求心点」のここからぬいぐるみを見るとともに，今度は「遠心化作用」によってぬいぐるみの遠心点に自らを移してそこから自分を見る，そして，求心化－遠心化を繰り返すことになる。この場合，ぬいぐるみはぬいぐるみとしてではなく，自分の周辺にある事物と同等のモノにすぎないのだ。

　一方，後者の場合，乳児は，「抑圧身体」を受けいれられないことによって，ぬいぐるみはぬいぐるみとしてではなく，身体を持つ動物として立ち現れてくる。この場合の"身体を持つ動物"は，乳児にとっては襲いかかるかもしれない恐怖の対象にすぎないのだ（万が一，誰かがぬいぐるみをあたかも生き物であるかのように乳児に向けて動かすならば，乳児にとってその恐怖は想像を絶するものとなろう）。

　裏を返せば，乳児にとってぬいぐるみがぬいぐるみとしてまずは無難で，ときには可愛らしい存在となるためには，乳児と母親とのあいだが親密であり，乳児が「抑圧身体」を受けいれていることが不可欠なのである。つまり，乳児とぬいぐるみとのあいだに，物理的というよりは精神的に母親が介在しなければならないのだ。母親が乳児とぬいぐるみとのあいだを媒介するとき初めて，乳児から見てぬいぐるみが文字通りのぬいぐるみ，と

きには可愛らしい愛玩となるのである。ぬいぐるみがこうした具合に立ち現れるのは，乳児が「抑圧身体」およびその身体が強いる規範を自ら受けいれるときなのである。

　以上，述べてきたように，乳児にとってぬいぐるみがぬいぐるみとして立ち現れるのは，乳児の身体がゆるやかにかつ円滑に「過程身体」から「抑圧身体」へと移行し，「抑圧身体」を自らの身体に内化することによって親密かつ安全なテリトリー空間（内部空間）を自らの居場所とし得ることによってなのである。このとき，乳児にとって大変深刻な人見知り体験の準備が整ったことになる。

　次に，その後の乳幼児にとってぬいぐるみが遊びの対象もしくはIFとなる機序について発達心理学の立場から論述することにしたい。

Ⅲ．想像の遊び友達（IF）の発達心理学
——自他二重性と自我二重性の発達過程

　ビョークランドらが提唱した進化発達心理学では，子どもは小さな大人（成人）ではなく，文字通り，小さなからだを持つ，字義通りの子どもであり，そうした子どもが大人になるまでの長く，リスクに満ちた道のりにおいては各々の発達画期においてリスク回避および環境適応となり得る即時的な利益（機能）が不可欠であることが明らかになった。進化発達心理学においては，成熟した成人の繁殖だけを進化的適応と見なす進化心理学（進化人間行動学）とは異なり，乳幼児がリスクを回避したり克服したりして成人になるその都度その都度の成長過程における適応が研究対象となるのである。

　こうした適応の中であまりにも日常的な活動であることから見落とされ

やすいものの1つして,ぬいぐるみ遊びが挙げられる。あらかじめ述べると,ぬいぐるみ遊びは,前述したように,「想像の遊び友達（Imaginary Friend／Playmate）」「想像の仲間（Imaginary Companion）」「空想の友達（Fantastic Friend／Playmate）」などさまざまな名称で呼ばれている（ここでは,「想像の遊び友達＝IF」に統一,略記したい）。

　では,ぬいぐるみと親密にかつ相互に交流・対話する（あるいは,こうした遊び・活動に没入する）子どもは,どのような理路を辿ってぬいぐるみがIFに値する存在となり得るのであろうか。このことを説明する手がかりとして,発達心理学者,浜田寿美男および麻生武の「自他二重性／自我二重性」に求めることにする（この考え方に関して浜田と麻生は相互補完的であることから,本書では併用したい）。

1. 自他二重性／自我二重性

　乳幼児が人形やぬいぐるみと親密にかつ相互に交流・対話している場面を思い浮かべてみたい。すると,こうした場面はふり遊びやごっこ遊びという点で空想・想像の交流・対話にすぎないと見なされるかもしれないが,形式的にはそれは,言葉を交わすことを通した自己と他者のかかわりと同型であり,何ら変わりはない。しかも,浜田が述べるように,「この自他の対話の渦中に身をおいて言えば,それは〈話す－聞く〉という行為であって,……能動－受動のやりとりの一つである。……自分が〈話す〉という能動が,相手にとっては〈聞く〉という受動となり,また相手が〈話す〉という能動が,自分にとっては〈聞く〉という受動となる。」［浜田寿美男,1999：206］

　そして浜田は,「自－他は能動－受動をやりとりするその二重性において一つの対という単位を構成する」［同前］わけであるが,こうした自他

の関係のことを「自他二重性」［同前］と呼ぶ。

　さらに浜田は，「声を出して話を交わす外の自他二重性の回路に加えて，それにぴたりと重なるかたちで内側の回路がまわっている。それを自他二重性に対比して自我二重性と呼ぶことにする」［同前：219］としている。

　私見によると，浜田の「自他二重性／自我二重性」という対概念は，L.S. ヴィゴツキーをはじめとする発達心理学が規定するところの，「外言／内言」という対概念に対応している。ここで「外言」というのは，他者に向けて使用される，いわば耳で聞くことのできる音声言語であり，主に意思伝達の道具としての機能を果たす。これに対し，「内言」というのは，音声を随伴しない，いわば耳で聞くことのできない，自己自身に向けての内的言語であり，主に思考の道具もしくは心の表象（表現）としての機能を果たす。外言は他者に向けての伝達機能，内言は自己に向けての思考機能や表象機能という特徴の違いから，前者が形式面（文法・構文）と内容面（意味内容）において他者が理解できるように考慮される必要があるのに対し，後者は自己自身のためだけのものということで形式面と内容面ともに，簡略化，圧縮化されている。極端に言うと，外言が外・他者に向けての伝達言語であるのに対し，内言は内・自己に向けての沈黙言語であると考えられる。

　ヴィゴツキーによると，個体発生的には，人間が最初に用いるのは，外言だけであるが，その後の精神発達および言語発達にともない，外言／内言に分化していく（外言から内言への端境期に出現するのが，音声を随伴する「内言としての自己中心語」である）。やがて，自己中心語の音声が消失することにともない，十全な内言が成立することになる。

　浜田が提唱する「自他二重性／自我二重性」は，「外言／内言」を，自己と他者（自他）が対話を行う渦中において動態的に捉え直したものであ

る。なぜ，あえて「外言／内言」に言及したのかというと，「自他二重性」の媒介となるのが他者理解，ひいては相互理解を目的とする伝達言語としての「外言」であること，そして，「自我二重性」の媒介となるのは，自己自身が思考したり心を表現したりすることを目的とする思考－表象言語としての「内言」であること，といった対応づけを明確にしたかったからである。以下，浜田の「自他二重性／自我二重性」という概念を用いる場合は，常に「外言／内言」の特徴を意識することにしたい。

　ところで，浜田は発達心理学の立場から前述した「自他二重性／自我二重性」という対概念を駆使して，子どもの羞恥心の形成過程を記述している。周知のように，羞恥心とは，自分が恥ずかしいと感じる気持ちのことであり，自らの心の中で生じる気持ち・心性である。羞恥心は他者・社会とのかかわりの中で生成されてくるものであるが，他者・社会とのかかわりを通しての，自己が自己自身をどのように感じるかという自己－自己コミュニケーション（再帰的自己）の問題となる。したがって，他者・社会とのかかわりそのものよりも，自己の中で生成する心の様態が主題となる。

　浜田を敷衍すると，図1のように，AからEまで5つの段階となる。これらの段階は発達年齢を示すものではなく，発達の理路を抽象的に表現したものである。とはいえ，発達主体について，AとBの段階では乳児，CとDは幼児，Eは子ども・青年と呼び，区別することにしたい。

　まず，Aの段階は，乳児が具体的な他者と出会うが，乳児の内部はまだ構造化されることはない。つまり，この段階は，乳児と具体的な他者との相互的かかわり，すなわち自他二重性の始まりであるが，具体的な他者からの働きかけを乳児が自らの内部に引き込み，自らの心を構造化，すなわち自我二重性を形成するまでには至っていない。たとえ，具体的な他者，特に母親や父親からの働きかけがどれほど強力であっても，乳児はそうし

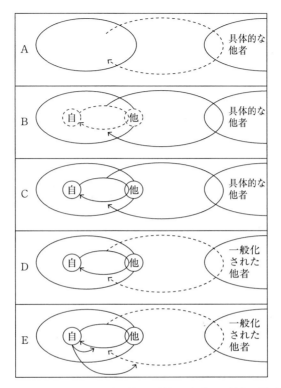

図1　羞恥心の形成過程（自他二重性／自我二重性の発達過程）
［浜田寿美男，1999：263］

た働きかけに応じたかかわり方（自他二重性）も，心の構造化（自我二重性）もできないのである。

　次に，Bの段階は，乳児は具体的な他者との相互的なかかわり，すなわち自他二重性が実線で示されるように，安定化するにともなって乳児の内部に「内なる他者」，すなわち自我二重性が形成されはじめる。とはいえ，この段階では内部の「自己」「他者」も両者のやりとりも点線で示される

83

ように，脆弱で希薄である。

次に，Cの段階は，自他二重性，自我二重性ともに実線で示されるように，強固になっているが，「目の前に他者がいることではじめて，そこに自他の関係（自他二重性）が成り立ち，それに添って自我内の内なる他者との関係（自我二重性）が成り立つ」［同前：264］ことになる。つまり，幼児にとって向かうべき具体的な他者が眼前にいることが羞恥心を抱く条件となっている。裏を返せば，具体的な他者が不在のとき，幼児は羞恥心を抱かないことになる。その意味でこの段階の幼児は心の構造化が一時的で移ろいやすい。

次に，Dの段階は，「目の前に生身の他者が存在しなくても，自我内の二重性が独立して成り立つようになったことを示している。」［同前：263］この段階で初めて具体的な他者が一般化された他者（世間の目）へと変貌する。したがって，幼児は一般化された他者が見えない形で要請する規範に即して自らの羞恥心を形成することになる。一般化された他者とのかかわり（自他二重性）が点線で示されるように，不在であっても，幼児の内部にある自我は内なる他者との関係（自我二重性）が強固なものとなる。たとえ，特定の誰かが自分に向けて批判や非難を行わなくても，幼児は自発的に羞恥心を抱くことになる。幼児は世間がどのように考えているかを引き込みつつ，自発的に価値判断することができるのである。

最後のEの段階は，「羞恥心に悩み，その自縄自縛性に気づいていく過程」［同前］を示したものである。つまり，子ども・青年は自らの羞恥心が一般化された他者（世間）への呪縛にあることに気づいて，2つの矢印のように，内なる自己から自他二重性および自我二重性への内省を通して自らを解き放っていこうとするのである。Eの段階は，過剰な羞恥心に呪縛された自己が内省を通して自らを解放しようとすることを示しているのだ。

本書の目的から見て重要なのは，ＣとＤの段階，正確にはＣ→Ｄの過程（移行）である。ただ，ＡとＢは，Ｃの段階を形成する発達前史として，Ｅは羞恥心が確立したＤの段階が病理的なものへと至ることを示す上で重要である。

　では，浜田の図１，特にＣ→Ｄの発達過程に焦点化して乳幼児や子どもにとってぬいぐるみがIFとなり得る理路について述べていくことにする。

　ところで，幼児の中でＣからＤへと「自他二重性／自我二重性」が変化していくとき，すなわち目の前に具体的な他者がいる段階から（目の前に他者が不在となり）一般化された他者へと変容していくとき，内なる自我内の二重性（自我二重性）が強固なものとなることが判明した。具体的な他者から一般化された他者へと，他者が抽象化されるとき，幼児にとって自らの心（自我）が根本的に更新されるのだ。次に，再び浜田の図を用いてそのことを幼児が人形遊びをする場面を通して見ていくことにしたい。

　まずは，幼児が具体的な他者である人形と交流・対話するＣの段階である。ここで取り上げる人形遊びとは，子どもがある発達画期で行うふり遊びの典型的な遊びであり，本書の主題であるぬいぐるみ遊びに準ずるものである。人形遊びにせよ，ぬいぐるみ遊びにせよ，ふり遊びは遊ぶ主体である幼児が一人二役の会話を行うことで展開されていく。一般に，会話は自分と相手が交互に話す－聞くことの繰り返しからなるが，これらのふり遊びの場合，会話は話し手の自分が話し，聞き手（人形やぬいぐるみ）の自分が聞くといった自他二重性にともなって同時に，内なる自分が話し，そして聞くといった自我二重性が作動している。当初，人形やぬいぐるみは，幼児にとって目の前に具体的な他者として存在し，幼児と他者との相互的かかわりが起こるのだ。

２．乳幼児期におけるIFの誕生とその論理

　これから取り上げる人形遊び（ままごと遊び）は，デューチャン（1歳10ヶ月の幼児Uのこと）が人形相手にコーヒーを飲ませるという遊びを繰り返し行っていたが，そのデューチャンが作ったコーヒーを人形に飲ませようとして自分が飲んでしまい，人形に悔しがらせるというエピソードである。

　図２に示されるように，「自分が『ツクッテアゲルネ』と言う（a）とき，それに対して相手が聞き手として受けとめるであろう思い（b）が，自分自身のなかで意識されている（b'）。また人形の立場から自分が『デューチャンミンナノンジャッタノ』と言う（c）とき，それを現実の自分が聞き手として聞く（d）のだが，そこでは話し手としての人形の思い（c'）が自分のなかでなぞられている。外からながめたものには〈a＝b→c＝d〉の回路として見える対話が，自分を生きる当人には〈a＝b'→c'＝d〉の回路として働く。ここには自我二重性が具体的なかたちをとって現れていると言ってよい。ここでは人形を具体的な相手としているのだが，役を交替するごとに，そこに自分を重ねている。それゆえb'とc'の根元にはも

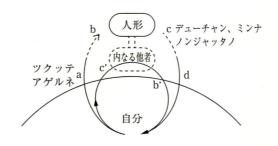

図２　一人二役のことば（自他二重性／自我二重性）
［浜田寿美男，1999：222］

う一人の自分，あるいは『内なる他者』をおいているものと考えた方がわかりやすい。自我二重性の回路のもう一方の側に『内なる他者』を配備するという構図は，この一人二役遊びあたりから明確になっていく。」［同前：222］

　この，人形遊びに関するエピソードおよびその分析（引用文）を読んだとき，筆者はよく理解することができなかった。そこで筆者は，図中の「a→b→c→d」，すなわち「a：自分が話す」→「b：相手が聞く」→「c：相手が話す」→「d：自分が聞く」といった自他二重性の回路のことを「知覚回路」と名づけることにする。その上でこうした自他二重性に随伴して内なる自我の中で作動する図中の「b'→c'」，すなわち「b'：内なる自分が聞く」→「c'：内なる他者が話す」といった自我二重性の回路のことを「表象回路」，別名「心の回路」と名づけることにする。後者は言うまでもなく，思いや気持ちなどの心の様態を示す回路の謂いである。あらかじめ言うと，知覚回路と表象回路の区別と命名は，Ⅳ章の解離現象を捉える上で役立つ。

　このように，「知覚回路」と「表象回路」に二分した上でこのエピソードを筆者なりに分析すると，次のようになる。浜田が述べるように，〈a＝b→c＝d〉は目に見える回路であり，文字通り知覚回路である。この場合，たとえ相手が人形であっても，ごく普通の他者と見なして問題はない。こうした知覚回路においてはまず，幼児は，自分が話し手の立場に立ちつつ相手（人形）に向かってコーヒーを「ツクッテアゲルネ」と「話す」（a）とき，相手（人形）は聞き手の立場からその行為を受けとめる（b）。こうした〈a→b〉という知覚回路と同時に起こっているのは，「もう一人の内なる自分」が具体的な他者としての人形にかこつけて「内なる他者」が作動し，コーヒーを「ツクッテアゲルネ」という行為に対し，たとえば

「嬉しい」などという思い（b'）を抱くことである（表象回路に属する「嬉しい」は，幼児の表象・気持ちを表しているため，「ツクッテアゲルネ」のような知覚語とは区別して漢字で示したい）。そのことからすると，浜田が前述した引用文の中で，「自分が『ツクッテアゲルネ』と言う（a）とき，それに対して相手が聞き手として受けとめるであろう思い（b）が，自分自身のなかで意識されている（b'）。」という場合の人形の思いを「思い（b）」と表記していることは適切ではないと思われる。というのも，このbはあくまでも知覚回路に属するからである。思いが問題になるのは，b'およびc'の表象回路のみである。

　正確に言うと，〈a＝b'→c'＝d〉の〈a＝b'〉とは，幼児が話し手である自分の立場から聞き手である人形に対し「ツクッテアゲルネ」と声をかけ，聞き手である人形の立場からその声を聞く——幼児における自分と人形の一人二役を演じる——と同時に，そのときの，聞き手としての人形の思いを人形の立場から「嬉しい」などと表して内なるもう一人の自分が受けとめることを意味する。この場合の〈a＝b'〉は，〈a→b→b'〉であり，〈a→b〉という知覚回路と〈b→b'〉という表象回路（心の回路）が接合されたものなのだ。

　重要なのは，「ツクッテアゲルネ」という幼児自身の声が他者としての人形に聞かれると同時に，内なるもう一人の自分が聞いているということである。つまり，幼児が自らの声で人形に話すことが，人形の立場からすると聞くことになると同時に，そうした聞くことをベースにしてそのときの人形（相手）の思いを生み出し，その思いを内なる自分が受けとめている。繰り返すと，「ツクッテアゲルネ」ということを聞く人形（b），そしてそのことを聞いて「嬉しい」などという人形の思いを抱く内なるもう一人の自分（b'）－こうした〈b→b'〉という二重ループにこそ，一人二役の

演技としてのふり遊びの本質が見出される。

　そして続く，〈a＝b'→c'＝d〉の〈c'＝d〉とは，幼児が話し手である人形の立場から聞き手である自分に対し，「デューチャンミンナノンジャッタノ」と声をかけ，話し手である人形の立場からその声をかける——幼児における人形と自分の一人二役を演じる——と同時に，そのときの，話し手としての人形の思いを人形の立場から「悔しい」などという気持ちを内なるもう一人の自分が受けとめることを意味する。この場合の〈c'＝d〉は，〈c→c'→d〉であり，〈c→c'〉という表象回路（心の回路）と〈c→d〉という知覚回路が接合されたものなのだ（人形遊びは，〈a→d〉という理路を辿ることから，〈a＝b'〉と〈c'＝d〉は，知覚回路と表象回路との順序が逆になる）。

　重要なのは，「デューチャンミンナノンジャッタノ」という人形になりきる幼児自身の声が他者としての人形として話されると同時に——人形らしい声や語り口（口ぶり）を含めて——，内なるもう一人の自分が内なる他者に対し内言するということである。つまり，幼児が人形の声や語り口で自分に話すことが，自分の立場から聞くことになると同時に，そうした話すことをベースにしてそのときの人形（相手）の思いを生み出し，その思いを内なる他者に向けて内言するのである。繰り返すと，「デューチャンミンナノンジャッタノ」ということを話す人形（c），そしてそのことを人形の立場から「悔しい」などという思い，内なる他者に向けてその悔しさを内言する内なるもう一人の自分（c'）——こうした〈c→c'〉という二重ループにこそ，前述の場合と同様，一人二役の演技としてのふり遊びの本質が見出される。

　繰り返すと，人形にかこつけて生み出した「内なる他者」から「内なる自分」に向けての，このb'は，内なる自我，すなわちもう一人の「内なる

自分」が人形の立場に立って「嬉しい」などといった人形の思いを語ったものなのだ。この時点で目の前にある具体的な他者としての人形は，幼児の「内なる自分」に対する「内なる他者」へと置き換えられている。だからこそ，幼児は，人形の立場からコーヒーを「ツクッテアゲルネ」に対する人形の「嬉しい」などという思い（b'）を抱くことができるのだ。ここまでが「a＝b'」の意味である。

　そして次に，「内なる他者」を介して人形の「嬉しい」などという思い（b'）を汲み取ったはずの幼児は，こうした人形の思い（b'）を裏切るかのように，今度は，人形を話し手の立場に立たせた上で，人形に「デューチャンミンナノンジャッタノ」と言わせている（c）が，このときの人形の「悔しい」などといった残念な思い（c'）を内なる「もう一人の自分」は人形の立場に立って「内なる他者」に向けて内言している。

３．青年期以降におけるIFの誕生とその論理

　前節では，浜田の図に即して乳幼児が人形遊びの渦中で体験していると考えられることを「自他二重性／自我二重性」の観点から詳述した。この場合，乳幼児は目の前に具体的な他者としての人形がいる場合，すなわち図1のCの段階でのふり遊びであるが，その後，乳幼児は目の前に具体的な他者がいない場合，すなわち一般化された他者との交流・対話を行うことができるようになる。繰り返すと，こうしたC段階からD段階への移行は，乳幼児にとって精神発達の飛躍となる。

　ところで，浜田は，こうしたC段階からD段階へと子どもの精神発達が飛躍的に発達するプロセスについて次のように述べている。「声を出しての対話（自他二重性）からはじまって，そこにはりついていた内的な自我二重性がやがて自他二重性を離れて自立し，一人歩きをしはじめる。こう

して相手が目の前にいなくても、一人で内側の対話の回路をまわすことができるようにな」[同前：227] るのである。「一人で内側の対話の回路をまわすことができるようにな」ると、人形がぬいぐるみといった具体的な他者がいなくても、一人で対話をすることができるようになる。このときの対話が、独り言（独言）や幻聴などの内言であろうと、相手が不在のときに綴る手紙やメールであろうと、内なる自我は内なる他者と十全に対話することができるのである。このとき、対話相手はファントムで良いことになる。

しかも、C段階からD段階への移行プロセスで起こるように、「現実の生身の他者と自分が交わす外的な対話（自他二重性）の世界の広がり……［すなわち］対人関係の広がりや外的対話の膨大化・精緻化に比例して、内的対話の世界もふくらみ、また精緻になっていく。」[同前：227-228] ヴィゴツキー風に言えば、外言の膨大化・精緻化は、内言の精緻化につながるのだ。

こうして、C段階からD段階への推移の中で、乳幼児の中に確固とした自我二重性、すなわち〈自己－内なる他者〉といった自己内対話もしくは自己－自己コミュニケーションが作動するのである。「他者とは直接かかわらない一人の場面においても、内的回路は独自にまわりつづける。……ここには他者はいない。しかし内側の海路は断ちようもなく、めぐる。」[同前：232] そのことを浜田は「『私的な世界』の登場」[同前] と名づけている。

再度、羞恥心の形成過程を描いた図１のＥの段階を見ると、当事者（子ども・青年）は見えない世間の価値規範としての羞恥を直に提示されなくても、内なる自己（自我）によって強く意識しているため、すなわち自己は内なる他者と自己内対話することによって自然に羞恥心に囚われ、苦悩

することになる。この場合の主役は，自己と内なる他者との閉じられた世界，すなわち「私的な世界」なのである。

以上のような発達過程を辿ることによって，乳幼児は目の前に具体的な他者が不在であっても，すなわち自他二重性はなくても，これまでの対人関係の蓄積で培ってきた，精緻化された自我二重性をもって対話（自己内対話）を行うことができるようになる。たとえ，その対話が独言や幻聴など病理的なものであっても，それは「私」が発達したことの結果として生じることにほかならない。裏を返せば，人間がうつ病などの心の悩みや苦痛を習い性とするのは，こうした自他二重性の拡張化・精緻化にともなう，自我二重性の精緻化の成せる業なのだ。

そのことはともかく，乳幼児は子ども・青年，そして成人へと発達することによって精緻化された自我二重性（自己内対話もしくは内言）を身につけるに至る。そして，精緻化した自我二重性を身につけた子ども・青年がIFとのかかわりで行うことが，図3のように，自我二重性における「内なる他者」を外にある（いる）「他者」に向けて投影することである（図

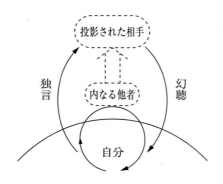

図3　独言と幻聴の発生メカニズム（表象と知覚のスイッチング）
［浜田寿美男，1999：226］

3の説明について浜田の解釈と筆者の解釈は異なっていることから，転釈と呼ぶことが相応しい）。つまり，子ども・青年は，人形やぬいぐるみなどのIFを依り代として「内なる他者」を投影するのである。ただし，依り代となる他者はどのようなものでも良いわけではない。たとえば，家具類や果物など非人称的なモノはふさわしくないのだ。内なる他者の依り代となり得るのは，人間や動物などに似せたモノが相応しい。

　ところで，ふり遊びやごっこ遊びに分類される，乳幼児のIFとの交流・対話（端的には人形遊びやぬいぐるみ遊び）と，子ども・青年・成人のIFとの交流・対話は同一のものなのであろうか。そのことを考えるにあたって手がかりとなるのは，前者と後者の違いは，見かけ上は目の前に具体的な他者（人形やぬいぐるみ）が現前するかしないか，そしてそのことに反比例して自我二重性が精緻なものであるかないか，ということである。要するに，前者と後者の決定的な違いは，自我二重性の精緻化の度合いに帰着する。このことに関して浜田と同じ考え方をとる麻生は，次のような瞠目すべきことを述べている。「幼児期の一人二役の会話や，『想像の遊び友達』は，現実の他者とのコミュニケーションすなわち外言が，内化して内言になる途中のプロセスと考えることもできる。だが，一人二役の会話を行ったり，『想像の遊び友達』をもつのは，必ずしも幼児ばかりではない。大人も一人二役の会話を行ったり，『想像上の遊び友達』をもつことができる。それらは，外言が内言に内化する途中のプロセスに見られる現象というよりは，いったん内側に成立していた『内なる他者』との内的対話（内言）が，逆に外の世界に追い出されて外言化するプロセスに見られる現象のように思われる。……『想像の遊び友達』とは，外の世界に投射された『内なる対話相手』に他ならないと述べたのは，そのような意味においてである。」［麻生武，1996：206］

この麻生の論述で重要なのは，乳幼児期におけるIFと，それ以降の発達画期におけるIFとは根本的に異なるという点である。ただ，体験的には，前者と後者は連続しているように見える。ところが，麻生が指摘するように，乳幼児期までのIFが外言→内言という発達プロセスの途上における現象であるのに対し，子ども期・青年期，さらには成人期以降のIFは，確立された内言をベースに再度，外言化される現象（内言→外言），正確には内なる対話相手が外の世界へと投射された現象なのである。端的には，乳幼児期を境に，外言→内言，内言→外言という具合に方向が逆転するわけだ。「自他二重性／自我二重性」という対概念を用いて述べると，乳幼児期までのIFが自他二重性の拡張化・精緻化を通して自我二重性（特に，「内なる他者」）が生み出されてくる途上で発現する現象であるのに対し，乳幼児期から子ども・青年，そして大人のIFはより一層自他二重性が拡張・精緻になった結果，自我二重性が精緻され，「内なる他者」が外の世界へと投射された現象である，ということになる。「内なる他者」が外に存在する人称性を帯びた，何らかの依り代こそ，IFということになる。このうってつけの依り代が人形であり，ぬいぐるみなのだ。繰り返し強調すると，人形やぬいぐるみは同一の客観的な対象（物質性を帯びたモノ）であっても，それと交流・対話する人間の内面は著しく異なる。

　さらに，麻生は「そのように外界に投射された『想像の遊び友達』がなぜある種のリアリティ感をともなって現象することができるのか」［同前］と問いかけ，一人二役の会話や独言をすることと，想像の遊び友達をもつことの相違から「『想像の他者』が存在しているというリアリティ感があるから」［同前］だと解答している。

　ここであらためて，想像の遊び友達（IF）がIFとなり得る条件，ひいては子ども・青年・大人においても依り代となり得る条件とは何かについ

て麻生の考えに沿ってまとめていくことにする。

　麻生は,「想像の遊び友達（IF）」のトータルな生涯発達的な研究を構想する中で, 幼児期（第Ⅰ期）, 児童期（第Ⅱ期）, 思春期・青年期（第Ⅲ期）, 老人期（第Ⅳ期）の各々に登場するIFの特徴について言及している。生涯発達上, その都度登場するIFについて重要なことをまとめると, 次のようになる［同前：125-133］。

①幼児期（第Ⅰ期）のIFは, その後（生涯発達上）すべてのIF現象のルーツになる。
②児童期（第Ⅱ期）のIFは, 日常的な世界や日頃の遊びの世界に近いこと, IFを持つことに対し, 不安を抱くことはほとんどない, IFを持っていることが秘密にされるようになる（親に気づかれないような形で, ひっそりと所有される）。
③幼児期（第Ⅰ期）のIFと児童期（第Ⅱ期）のIFを比べると, 大人になったとき, 前者が忘却されてしまうのに対し, 後者は最低, その一部の記憶を呼び戻すことができる。
④上記③と同様, 両者を比べると, 前者がしばしば家庭内でオープンな形でもたれるのに対し, 後者は家族の者にも秘密にされる傾向が大きくなる。
⑤思春期・青年期（第Ⅲ期）のIFが, "私的な"誰にも知られることのない心の中の内面世界を持っているという意識が青年にはあるが, その内面世界を知っているのは秘密の他者であるIFだけである, 周囲の現実の他者が誰も知覚できない秘密の幻想世界を一人で支えていることに対する不安を抱いている（IFを持つ青年は自分が精神異常ではないかという不安を抱くことがある）, 秘密の中の秘密を親密な他者

（IF）と共有したいという，他者に対するエロス的な気分を青年が持っている。
⑥これまでの発達画期に見られないような特徴，すなわち亡き人の霊や神や仏といった（想像上の）人格的存在が私（私たち）に語りかけてくれたり，見守ってくれたりするという意味において，十分に「想像の遊び友達」と呼ぶにふさわしい現象となる。

こうした生涯発達的プロセスにおいてその都度登場するIFの特徴を整合的に捉える上で麻生が提唱する「実在性／現前性」の分離という法則性が役立つ。ここで「実在性」というのは，「本人がその『想像の遊び友達』を『実在する』と確信している度合いのこと」［同前：204］であり，「現前性」というのは，「その『想像の遊び友達』がその本人の前に現前する時の，感覚的リアリティ度のこと」［同前］である。しかも，「実在性」と「現前性」とは逆相関という関係にある。いわゆる，両者はゼロサムゲームとなるのだ。

この対概念に沿って本人にとってのIFの変遷を見ていくと，幼児期と児童期のIFは，本人（乳幼児）にとって目の前にいるIFをその姿が目で見えて，その声が耳で聞こえて，その皮膚が手で触れることができる具体的な他者（相手）であることから，現前性は極めて高いことになる。

これに対し，思春期・青年期のIFは，前述したように，本人（青年）の内なる他者が外の依り代に投射されたもの，すなわち麻生の言う「外の世界に投射された『内なる対話相手』」であることから，乳幼児と同様，交流・対話する相手となり，依然として現前性は高いが，その一方で内なる他者の依り代への投射が強いため，その依り代はそれ以上の精神的価値を持つことも考えられる。したがって，思春期・青年期のIFは，現前性は

高いが，乳幼児期ほどではなく，その分だけ，実在性，すなわち依り代としてのIFを超えた精神的価値を超えた——依り代を超えて溢れ出た超越性——が高くなると思われる。現前性が若干低くなった分だけ，実在性（超越性）が高まるのだ。

老人期になると，今度は，本人（老人）にとってIFの実在性はきわめて高くなる。つまり，「"神様"や"仏様"といった存在も，ある種の『想像の遊び友達』の一種……，"実在性"が高く，"現前性"が低い『想像の遊び友達』であることが多いように思われる。」［同前：204-205］神様や仏様こそ，老人にとってのIFになり得るのだが，それはあくまで「高い"実在性"と低い"現前性"で特徴づけられる『想像の遊び友達』」［同前：205］なのだ。しかも，「"現前性"と"実在性"との逆相関は，『幻覚の世界』に完全にトリップしてしまわないための，いわば安全弁となるようなメカニズムである。」［同前］

ところで，具体的な相手がIFとなり得る乳児期と幼児期，超越的な——その意味で抽象的な——存在（神や仏）がIFとなり得る老人期については，これ以上，説明することは不要であろう。これに対し，思春期・青年期（第Ⅲ期）のIFについては補足が必要である。

前に挙げた思春期・青年期のIFの特徴は，前述した⑤の通り，3つ挙げられるが，これらの特徴はすべて，この画期のIFが青年が内なる他者を外の世界に向けて投射したことに基因する。青年が自ら「もう一つの自己」を外に向けて投射する限りにおいて，その行為は本人の恣意に委ねられるのだ。だからこそ，その行為は本人にとって自由な営みとなる。ところが，本人からすると，投射する対象，すなわち依り代は何であっても良いことを意味しない。この点について麻生は，「『想像の他者』の第一の機能は，対話を行いコミュニケーションを維持すること」［同前：207］か

ら，それは，コミュニケーションのイメージをリアルに保持することのできるIFであることが求められる。裏を返せば，IFは「同じイマジネーションの産物であるといっても，『想像の椅子』や『想像のりんご』といった『非人称的な対象』の想像物」［同前：206］ではダメなのだ。というのも，私たちはこうした「非人称的な対象」とリアルにコミュニケートすることが困難だからだ（ただ，アニメ好きの少女が「空気」や「はたき」など非人称的な対象に「空気くん」とか「はたきのハリーさん」という名前をつけてリアルな形で交流・対話できる場合はその限りではないが，こうした場合でも継続的なかかわりにはかなりの努力が必要なはずである）。

当人（青年）にとって「想像の椅子やりんご」などの非人称的存在がIFとなり得ないのとは裏腹に，同じ非人称的存在であっても，架空もしくは空想上の存在者については容易にIFとなり得る。つまり，「投射を容易にするための手法の1つは，すでに外界に存在するアニメの主人公や小説の主人公や実物の人物やサンタクロースといったキャラクターを利用することである。いったん，ある『想像の人物』を外に投射して存在させることに成功したならば，その『人物』のリアリティは，自動的に強化されるメカニズムが存在している。」［同前：207］

見方を換えれば，IFを持っていないことを表明している者（内言の発達した人間）であっても，自らの内なる他者を知らず知らずのうちに，アニメの主人公，実物の人物（アイドルやスター）などに向けて投射していると考えられる。したがって，内言が十全に発達した者で，IFを持たない者は皆無であることになる（老人に限らず，信仰を持つ者もまた，IF保持者，しかも強力なIF保持者である）。プロ・ロゴスで紹介したように，長女のIFは乳幼児期から〈ブーちゃん〉であるが，中学生になってから，アニメの主人公（コナン君）に強い関心を持ち始めた。いまでは，コナン

君は〈ブーちゃん〉に続くIF，正確には，〈ブーちゃん〉をベースにしたIFであると見なすことができるが，ただ，同じ年代が好むジャニーズ系アイドルにほとんど関心を持っていない。本人にとってはこれら「2人」のIFで十分なのだ。同級生の多くは，特別なIFを持たない代わりに，ジャニーズ系アイドルを内なる他者を投射する依り代としている可能性が高いのではなかろうか（この点については，トーテミズム研究の課題となるが，これについては別の機会に論述したい）。

このように，「自他二重性／自我二重性」および「外言／内言」の発達プロセスの理路において，乳幼児期のIFと思春期・青年期のIFとは根本的に異なるということ，そして，乳児期のIFをベースに生涯発達にともない，その都度多種多様なIFが登場してくるということ，さらに，老人期のIFは神や仏など実在性の高い（現前性の低い）超越的存在者となり得るということが明らかになった。本書の目的からすると，これら3つの知見のうち，最初のそれが最も重要であることはいうまでもない。

では次に，思春期・青年期に登場するIFの精神病理について次に述べることにしたい。

Ⅳ. ぬいぐるみ遊びの精神病理と解離
　　——ファントムへの没入

ここまで，乳幼児期のぬいぐるみ遊び（IFとの交流・対話）について解明してきた。その結果，進化発達心理学および発達心理学が見出したように，ぬいぐるみ遊びが乳幼児期固有の即時的利益（機能）を有することはわかったが，青年期以降，さらには一生続くとすれば，それは精神病理の域に入るのではなかろうか。その意味で，ぬいぐるみ遊びは青年期以降

の人たちにとって障害もしくは不利益となることが想定される。

　しかしながら，自他二重性／自我二重性という対概念に基づく発達心理学の知見からすると，青年期以降のぬいぐるみ遊びは，自他二重性（外言）の豊富化にともない，自分の内側に確立した内なる他者が外の世界に依り代（ぬいぐるみやIF）に向けて投射されたものであるとすれば，それは，何ら異常なものではない。確かに，自我二重性（内言）の著しい発達にともない，心の中の言葉として独言や幻聴が現前するかもしれないが，その延長上にぬいぐるみ（IF）が登場（再登場）することは何ら異常なことではない。乳幼児期のぬいぐるみ遊び（IFとの交流・対話）と，青年期以降のそれとは区別すべきであるが，乳幼児期から青年期，さらにそれ以降，ぬいぐるみ遊びやIF保持状態が継続しても何ら不思議なことではないのだ。したがって，発達心理学の知見からすると，青年期およびそれ以降のぬいぐるみ遊び（IFとの交流・対話）はごく正常なものなのである。その意味で，ぬいぐるみ遊び（IFとの交流・対話）が青年期以降，不利に働くことにならないのである。とはいえ，急いでつけ加えると，青年期以降のぬいぐるみ遊び（IFとの交流・対話）が精神病理として発現することもあり得ると考えられる。本章では，この点について解明することにする。

　以上のように，進化発達心理学，社会学的身体論，発達心理学を駆使することでぬいぐるみ遊び（IFとの交流・対話）を解明してきたわけであるが，最後の課題として特に青年期以降におけるぬいぐるみ遊び（IFとの交流・対話）の有する精神病理について言及していくことにする。

　一般に，IF保持については解離性障害や多重人格症などの解離研究の立場から言及されることが多いが，そのこと自体，すでにIF保持を異常なものと捉えることを前提としている。では次に，解離研究の概要を簡潔

に述べることから始めることにしたい。

1．解離の空間的変容と３つのタイプ——離隔／過敏／没入
(1) 私の二重化

　ところで，解離は，文脈に応じてさまざまな位相を有することからその定義ははなはだ困難であるが，田辺肇は，次のように定義している。「解離」とは，「感覚，知覚，記憶，思考，意図といった個々の体験の要素が『私の体験』『私の人生』として通常は統合されているはずのもののほつれ，統合性の喪失」［田辺肇，2009：212］のことである，と。ただ，このように抽象度の高い定義だけでは，解離がどのようなものかについてまったくイメージすることができない。そこで本書では，解離現象を「主観性」の立場，すなわち解離を生きている体験者の主観を重視する柴山に沿って述べていくことにしたい。というのも，人形やぬいぐるみをはじめ，IFと交流・対話する渦中を生きる人間の主観や体験が重要だからである。したがってここでは，解離を生きる（生きてしまう）人間の主観や体験に焦点づけていくことにする。

　柴山によると［柴山雅俊，2010：120-146］，体験者の主観性の立場から解離（解離性障害）を捉えるとき，体験者の状態は異様に変化してしまうという。異様な変化（変容）として特徴的なのは，解離にともなう「空間的変容」と「時間的変容」［同前］の２つである。繰り返し強調すると，この２つの変容は，主観性における変容なのである。

　IFとの関連から見て，重要なのは，解離にともなう空間的変容のほうである。ここでいう空間的変容とは，「本来１つのもの（自分）は１つであるが，２つになること」，すなわち「私の二重化」［同前：124-125］である。「私の二重化」とは，「見る私」と「見られる私」，もしくは「見ている

私」と「見られている私」といった2つに分かれることを指す［同前］。

　この「わたし」が何らかの理由で衰弱・衰退するとき，解離およびそれにともなう「私の二重化」が起こるのである。解離のベースとなるのは，この，「私の二重化（見る私－見られる私）」である。この「私の二重化」をベースに，解離（広義）は，「離隔」「過敏（気配過分）」「空想への没入」といった3つのタイプとなる（図4参照）。

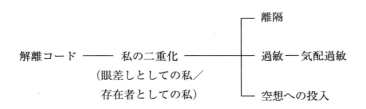

図4　解離のタイプ

　そして，この「私の二重化」をベースに，「見る－見られる」もしくは「見ている－見られている」といった関係性を，「見ている私」が「見られている私」を「見ている」状況を作り出すことになる。ここでは，「見ている私」→「見られている私」という方向・ベクトルとなる。それは，次の図5のようになる［柴山雅俊，2012：35］。

(2) 離隔――自己像幻視（ドッペルゲンガー）と体外離脱

　次に，私の二重化をベースに，もう一人の私（＝「見る私」・「見ている私」）が私（＝「見られる私」・「見られている私」）を傍観者のように離れた場所（位置），多くは上方から見ているということが起こる。「見ている私」が「見られている私」を冷静かつ客観的に観察することを「離隔」［柴

第2部　ぬいぐるみ遊びと精神病理

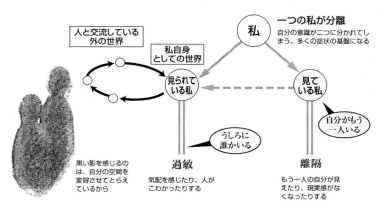

図5　解離：私の二重化／過敏／離隔
［柴山雅俊，2010：35］

山雅俊，2010：121-122／2012：34-41］と呼ぶ（図5参照）。「離隔」とは、「もう1人の自分が見えたり、現実感がなくなったりする」［柴山雅俊，2012：35］ことである。

厳密にいうと、「離隔」には2つのタイプがある。

1つは、「見る私」が自分の身体の内側、すなわち自己の生身の身体にあって、外側にもう一人の自分がいるのを見る（いるのが見える）場合である。大抵、「もう1人の自分は、パーソナルスペースとよばれる自分からおよそ3-4メートル以内の空間にいる。とくに興味深いのは足が見えず、上半身しか見えないことである。」［乾敏郎，2009：45-46］

このように、「見る私」がもう一人の自分を見る、すなわち「見られる私」を生み出してしまうことを「自己像幻覚（ドッペルゲンガー）」と呼ぶ。ときにドッペルゲンガーは、文学作品の主役になることがある。しかもこの延長線上に「離人症」が見出される。離人症では、モノの重さを認識できても、実感できなくなる。つまりそれは、現実感（リアリティ）が

欠如した状態が続く疾病のことである。離人症に罹患すると，自分自身，生きている実感（現実感）がなくなり，自らが空っぽになると同時に，世界が遠ざかり，フラットなものと感じられてしまう。いわば，自分も世界もすべて抜け殻と化してしまうのだ。

　もう1つは，「見る私」が自分の身体の外側，すなわち自己の幻覚（ファントム）の側，たとえば天井や上方にあってそこ（その視点）から現実の自分の身体，すなわち「見られる私」，たとえば，寝ている自分を見ている場合である。つまり，私の身体から私の魂が抜け出て抜け殻になった私の身体を遠くから客観的に見ているような状態である。これを「体外離脱（幽体離脱）」と呼ぶ。体外離脱は，臨死体験やてんかん手術中の患者，あるいは正常の人でも生理的リズムの著しく変化する入眠時（特に，レム睡眠時に起こる金縛りを脳が合理化しようとしたとき）に起こりやすい。それは，自分の魂が抜け出て自分を近くから見るだけでなく，夢の中の世界のように，外へと出ていき，自由にあちこちを飛び回ることもある。脳科学では，角回という脳の部位に刺激を与えると，こうした現象が起こるとしている。

　なお，この場合の「見ている私」のことを「眼差しとしての私」，「見られている私」のことを「存在者としての私」と呼ぶ。眼差しは常に，「眼差しとしての私」から「存在者としての私」に向けての方向・ベクトルとなる。また，「離隔」もしくは「体外離脱」にあっては，私は周囲世界から切り離されたような感覚になるといわれている。まさに魂が抜け出た状態（脱魂）である。

　このように，離隔には自己像幻覚（ドッペルゲンガー）と体外離脱（幽体離脱）という2つのタイプがあり，両者における「見る私」-「見られる私」の方向は正反対となる。厳密には，自己像幻覚の場合，「見る私」か

ら見て「見られる私」は，上半身しか見えない，いわゆる幽霊のような存在となる。そして，自己像幻覚は離人症へと増悪する。

(3) 過敏——気配過敏を中心に

　解離の中は同じく，私の二重化をベースにしながらも，「離隔」とは異なる現象がある。それは，「過敏」［柴山雅俊，2010：122-131／2012：34-37］である（図5参照）。つまり，「離隔」の場合と同様，私は「見ている私」と「見られている私」の2つに分離している状態の中で，「見られている私＝存在者としての私」が自分のうしろに誰かいる，何かいるというように，何らかの気配を感じたり，あるいは人混みの中で人を怖がったりする。実は，「見られている私」が自分自身のうしろに感じる気配の正体とは，私の二重化によって分離したもう一人の自分である。柴山は自らの著書の副題に「『うしろに誰かいる』の精神病理」［柴山雅俊，2007］をつけているが，解離の典型症状とはまさに，この「うしろに誰かいる」という事態なのである。この「うしろに誰かいる」の「誰か」が私の二重化によって分離したもう一人の「見ている私」であることに気づかないところに，恐怖や不安が生じてくるのだ。

　ここまで，解離には私の二重化をベースに，「見ている私／見られている私」という自己分離が起こり，「見ている私」が「見られている私」を「見ている」場合は，「離隔」であり，「見ている私」が「見られている私」を「見ている」にもかかわらず，その「見ている私」に気づかない，ひいては私の二重化に気づかない場合は，「過敏」，特に「気配過敏」になることについて述べてきた。わかりやすく述べると，解離とはまず私の二重化が起こる現象であり，「見ている私」と「見られている私」の2つに分離した上で，常に「見ている私」が「見られている私」を「見ている」状況

を作り出す。こうした状況は,「離隔」と「過敏」に共通したものであるが,ただ,「離隔」の場合,この「見ている私」が顕在化しているのに対し,「過敏」の場合,この「見ている私」は潜在化している,もっと言うと,隠れている（本人が気づかない,もしくは知らない）という点で異なるということだ。

「離隔」が自己像幻覚や体外離脱のような,特異で不可思議な体験であるのに対し,「過敏」は他者・モノとの相互交流の中で起こっているごく日常的な体験である。「過敏」は,私のうしろに誰かいるというように,ごく日常的な生活の中で生ずる恐怖体験であるがゆえに,病理的なものとして現出してくるはずである。

しかも,「過敏」には,「気配過敏」や「他者過敏」の2つがある。

まず,「気配過敏（症状）」とは,「自分を取り囲む空間に誰かがいる気配をはっきりと感じる体験」である。「気配過敏」とは,自分を取り囲む空間（テリトリー）に誰かがいる気配をはっきりと感じる体験であり,気配・雰囲気として観取できるが,特定の人物・モノは特定できない。この場合の「気配過敏」は,「他者の気配が身近な空間に立ち現れる体験」としての「近位実体的意識性」［柴山雅俊,2010：127］に相当する。「近位実体的意識性」は,K. ヤスパースが統合失調症の症状として用いた概念である「実体的意識性」を柴山が捉え直したものであるが,この場合のそれは「その確信性に乏しく,気配に妄想的意味づけがなされることはない。気配をありありと感じるのみであり,……認識は容易に訂正される。」［同前］

次に,「他者過敏（症状）」とは,「外出したときに『人が怖い』とか『人が多いところが苦しい』と感じる体験」［同前：129］である。前述したように,柴山が「うしろに誰かいる」のを解離現象の典型と考えていることから,「過敏」で最も多いのは「気配過敏（症状）」のほうである。

(4) 空想への没入

　実は，解離には，「離隔」と「過敏」以外にもう1つ典型的な現象がある。それは，前述した「見ている私（眼差しとしての私）」——「見られている私（存在者としての私）」の関係性の中で起こってくる現象であるが，どのようなものかというと，前者が後者を眼前に見ているとき，表象，すなわち頭の中でイメージしたものが知覚，すなわち目で見たものであるかのように立ち現れてくる現象である。つまり，表象と知覚がスウィッチングされる（取り違えられる）現象である。この現象は「没入する私」[同前：200]と呼ばれている。具体的には，現実からの遊離と空想への没入が生じる。すなわち，頭の中で空想しているもの，たとえばぬいぐるみや人形などが実際に生きていて，しかも独自の人格を持っていて，私と交流したり対話したりするような現象である。このとき，当事者はぬいぐるみや人形が本当に実在していると思い，五感を用いて彼らと交流したり対話したりするのである。まさに，空想（空間）への没入である。実在すると思うのは，ぬいぐるみや人形だけでなく，ときには妖精や天使，あるいは幽霊や悪魔等々であったりする。この「没入する私」は，「見られている私」の位置，すなわち知覚するところの場所に，「見ている私」が頭の中で空想した表象を投影するわけである（表象＝空想による知覚のスウィッチング[置き換え]，しかも，「見られている私」の「空想物」へという二重の置き換え）。現実からの逃避および空想への没入としての解離は，解離の主要なタイプだと見なされていないにもかかわらず，実際にはこのタイプは少なくないと思われる。

　以上のように，「空想への没入」は，前述した方向・ベクトルは同一でも，現実から逃避（回避）した上で，「見ている私」が「見られている私」の位置に想像上の他者・モノが実在し，それと対話するものである。この

場合,「見ている私」が「見られている私」を眼前に「見ている」とき,頭の中でイメージしたもの（＝表象）が目で見たもの（＝知覚）であるかのように捉えるといった，表象と知覚の入れ替わりの中での「没入する私」の体験であり,「空想への没入」と名づけられるものである。正確には，現実からの逃避および空想への没入である。「空想への没入」では，想像上の友人（イマジナリー・コンパニオン），妖精や天使，ぬいぐるみや人形等々，空想上の人物やモノのすべてが体験される。

(5) 解離の時間的変容――内在性解離を中心に

　以上見てきたように，解離にともなう空間的変容には，私の二重化をベースに,「離隔」,「過敏」,「没入」といった3つの現象が生じる。

　こうした解離にともなう状態の異様な変化としては，前述してきた空間的変容に加えて，時間的変容がある。「時間的変容とは，本来なら一貫性が保たれているはずの時間の連続性が断裂している状態」[柴山雅俊，2012：34]のことであり，その症状としては「健忘」,「遁走」,「もうろう状態」,「人格交代」[同前]がある。これらはいずれも，記憶や人格の一貫性がなくなってしまうという事態であり，時間によって自分自身の状態が変容してしまうのである。

　「健忘」のように，連続・持続しているはずの記憶の中に空白のときがあったり,「遁走」のように，気づいたら知らないところに来ていたり，自分が誰であるかをわからずに別の人間として生活していたりするというように，日常的なことは普通に行いつつも，遁走中，自らの記憶を失っていたり,「もうろう状態」のように，文字通り，外界を普通に認知しつつも，意識障害があって物事の全体を把握できなかったり（回復後，起こったこと自体も想起できなかったり),「人格交代」のように，自らの意思を超え

て自分の中に複数の人格（人間）がいて，こうした複数の人格が交互に現れたりする。

　解離にともなう時間的変容は，一人の人間は自らの思考や行動などの自己同一性（アイデンティティ）を保持できない事態を意味する。それゆえ，解離にともなう時間的変容は，空間的変容よりも深刻かつ重篤なものが多い（ある意味で時間的変容がともなう解離性障害は，統合失調症よりも人格統合が成り立ちにくい）。つまり，空間的変容が，一人の人間が自己同一性を保持しながら起こる，いわば正常な範囲での病理現象であるのに対し，時間的変容は時間が途切れたり，無我夢中になって我（時間）を忘れたりするといった軽度の健忘（解離）を除くと，解離性障害という心因性の病気に罹った人にのみ起こる精神病理現象である。特に，以前は多重人格性障害と呼ばれていた解離性同一性障害は，「２つまたはそれ以上の，はっきりと他と区別される自我同一性，またはパーソナリティ状態が存在する」[小栗康平，2014：48]，すなわち前述した「交代人格」が現れる重篤な病である。解離性同一性障害においては，他者に合わせながら穏やかに社会生活を営んでいる中心の「表面の人格」もしくは「基本人格」以外に，それとは正反対に，攻撃的で本音をいう「背後の人格」など平均８〜９人の「交代人格」が同居していて，それらが交代で現れてくる［同前：48-49]。こうした「人格交代」，いわゆるパーソナリティのスウィッチングは，人格解離や人格崩壊といった，きわめて重篤な障害に分類できると思われる。

　ところで，多重人格障害が解離性同一性障害へと名称変更されたのは，DSM-Ⅳ（1994年）からであるが，この変更理由は単に形式面の問題からではない。むしろ解離性同一障害という概念にあるように，それは同一性の障害，すなわち統一した自己を保持し得ない障害だと見なされるように

なった（ただし，WHOの診断基準であるICD-10は，いまでも「多重人格障害」という名称のままである）。小栗康平は，多重人格障害を外に出てくる「多重人格」，解離性同一性障害を「内なる多重人格」，すなわち「内在性解離」——この名称の前は「内なる人格解離」[小栗康平，2011：20] もしくは端的に「人格解離」[小栗康平，2011] であった——と明確に区別した上で，後者を「別人格が潜在意識下にとどまり，表の意識には出てこない」[同前：129] と述べている。小栗が解離性同一性障害のことをあえて「内なる多重人格」と呼ぶのは，この謂いからである。さらに重要なことは，「解離性同一性障害＝内在性解離」が「できてしまうのは，最初の解離が3歳以下の場合だけだ」[同前：128] としている。つまり，「4歳以上で最初の解離が起こったケースはない。基本人格は胎児から3歳以下であり，4歳以上ではじめて大きなストレスを受けたとしても，内在性解離や普通の解離性同一性障害は，（多重人格）は生じない」[同前] と結論づけている。

　小栗は，「私のなかに別の私が生まれるしくみ」，すなわち「基本人格」が何らかのストレスを受ける中で「別の人格（主人格）」を生み出し，それがさらに「内在性解離」，そして「解離性同一性障害（多重人格）」を生み出す機序を図示している（図6参照）。ただ注意すべきことは，図6には解離した別人格が表に出てくる「外なる多重人格」，すなわち多重人格障害が除外されていることである。裏を返せば，心の内側に解離した「もう一人の自分」は複数作り出されても，古くは『ジキル博士とハイド氏』，比較的新しくは『24人のビリー・ミリガン』のように——この余波で幼女連続殺人犯・宮崎勤への多重人格精神鑑定が適用された——，多重人格が表舞台に登場する多重人格障害はごく稀なのである。

　日本においては，多重人格障害（外なる多重人格）が一般に理解されやす

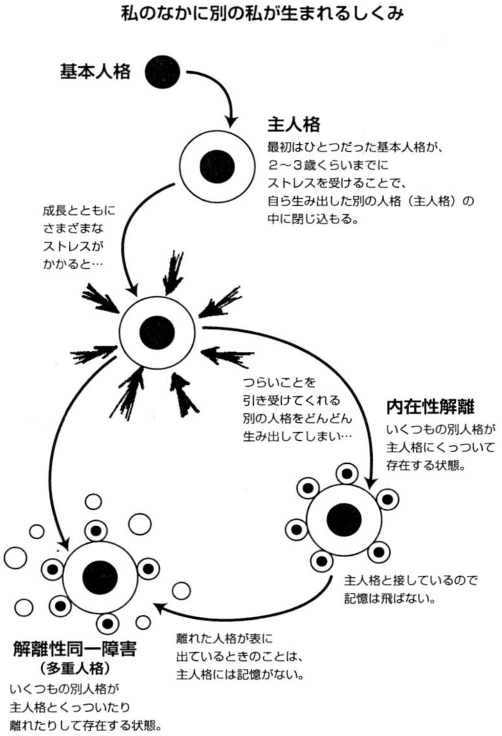

第 2 部　ぬいぐるみ遊びと精神病理

私のなかに別の私が生まれるしくみ

基本人格

主人格
最初はひとつだった基本人格が，
2～3歳くらいまでに
ストレスを受けることで，
自ら生み出した別の人格（主人格）の
中に閉じ込もる。

成長とともに
さまざまな
ストレスが
かかると…

つらいことを
引き受けてくれる
別の人格をどんどん
生み出してしまい…

内在性解離
いくつもの別人格が
主人格にくっついて
存在する状態。

主人格と接しているので
記憶は飛ばない。

解離性同一障害
（多重人格）
いくつもの別人格が
主人格とくっついたり
離れたりして存在する状態。

離れた人格が表に
出ているときのことは，
主人格には記憶がない。

図6　内在性解離（内なる多重人格）
［小栗康平，2014：130］

いこともあって——小説や映画などのモチーフになったこともあって——，心身の重篤な病として普及・定着した感があるが，かえってそのことが「内在性解離（内なる多重人格）」，ひいては解離研究を遅延させてしまったのである。繰り返し強調すると，重要なのは，解離にともなう主観の空間的変容および時間的変容の把握なのである。

　さらに，こうした多重人格障害（外なる多重人格）の影響もあって，解

111

離は，養育者とのかかわりの中で乳幼児が被ったストレスやトラウマ，すなわち耐えることの困難な苦しみや悲しみの記憶を自分とは関係のないものだとして切り離すこと，つまり自我防衛機制として捉えられてきた（いまでも，ポストモダンの立場に立たない旧来の精神分析家の多くは，解離を防衛機制だと見なしている）。こうして寸断された記憶や体験の断片を基本人格に代替して引き受ける複数の別人格，すなわち内なる多重人格が措定されてきたわけであるが，小栗の臨床経験からすると，内在性解離（いくつもの別人格が基本人格にくっつく状態）が「できてしまうのは，最初の解離が3歳以下の場合だけだ」ということからすると，子どもにストレスがかかりすぎたからといって，いつでも解離症状が起きるわけではない。以上のことからすると，本書の主題である「想像の遊び友達（IF）」をこうした解離性障害，ましてや多重人格障害と安直に結びつけること自体，問題であると考えられる（こうした事情もあって，本書ではぬいぐるみ遊び［IFとの交流・対話］と解離性障害もしくは解離性同一性障害，その根底にある乳幼児－養育者関係から生じるトラウマやストレスへと関連づけることを避けてきた）。

　以上のように，IFとの関連で言うと，解離にともなう時間的変容（前述した4つの症状，総じて内在性解離）という疾病について言及することはまったく不要であると考えられる。姿の見えないIF保持者の場合はその限りではないが，本書では姿の見えるぬいぐるみ愛好者（IF保持者）のみを研究対象としている。したがって，ここで取り上げる解離は，主観における空間的変容だけで十分なのであって，ぬいぐるみをはじめとするIFと，時間的変容をともなう重篤な内在性解離や解離性同一性との関連づけは不要なのである。

2. 表象と知覚のスウィッチング

　以上，解離の前提としての「私の二重化」，すなわち「見ている私（＝眼差しとしての私）」と「見られている私（＝存在としての私）」，解離の分類，すなわち離隔，過敏，空想への没入について述べてきた。この知見からわかるように，青年期以降の人間が人形遊びやぬいぐるみ遊びなどIFとの交流・対話の渦中で体験しているのは，もはや言うまでもなく，空想への没入にほかならない。空想への没入という解離において生じているのは，知覚と表象とのスウィッチング（入れ替わり）である。あるいは，知覚と表象との取り違えもしくは誤認であると言える。

　前に，浜田の「自他二重性／自我二重性」の捉え方から人形遊びを分析したとき，自他二重性が知覚回路，自我二重性が表象回路（心の回路）と各々区別した。つまり，青年期以降におけるIFとの交流・対話の渦中で起こっていることは，青年もしくは成人における知覚回路と表象回路とのスウィッチングもしくは取り違えなのである。

　正確に言うと，IFと交流・対話している青年は，「見ている私」が「見られている私」を眼前に「見ている」とき，頭の中でイメージしたもの（＝表象）が目で見たもの（＝知覚）であるかのように捉えているのであり，こうした表象と知覚とのスウィッチングによって，本来，頭の中で表象しているファントムが目の前にリアルなものとして現出していることになる。少なくとも，解離している状態の人間は，ファントムと現実のものとを取り違えている，もしくはそういう体験をしているのだ。こうした体験をするのは，偏に，表象と知覚のスウィッチングの中でファントムに没入していることに基づく。まさにファントム（空想）への没入なのである。もしかすると，それは，現実からの逃避に基因する空想への没入であるかもしれない。

いま述べたことは，前述したことと照合する限り，まったく当然のことだと言えるかもしれない。つまり，思春期・青年期のIFは，当人が内なる他者を依り代となる人形やぬいぐるみに向けて投射したものであることからすると，この場合の内なる他者の，人形やぬいぐるみへの投射は，解離現象でいうところの，頭の中で表象したものを外の世界へと出現させることに対応することになる。空想への没入とは，頭の中で表象したことや心の中での思いを外の世界に現出させることであり，没入する対象もしくは依り代は，人称的な存在であれば十分である。問題は，内なる他者（もう一人の自分）からの思いや感情のほとばしりが過剰で，頭の中で表象したもの・ことが外の世界において知覚できるものとなることにある。思いや感情などの表象の過剰は，外の知覚世界にファントムを現出させるわけである。こうしたファントムは，天使，妖精，アニメの主人公，悪魔，幽霊，妖怪など何でも良い。ところが，表象と知覚との取り違えは，本人にとって見えないものが見えたり，存在しないものが存在したり，聞こえないものが聞こえたりするなど，想定外の体験（幻視や幻聴などの幻覚）をもたらす。

　したがって，青年期以降のぬいぐるみ遊び（IFとの交流・対話）が精神病理の域に入るのは，知覚回路と表象回路（心の回路）をスウィッチングするほど，両者の回路を取り違える場合であることになる。

3．タクシードライバーの幽霊現象——ファントムへの没入

　ところで，解離の1つのタイプである，空想（ファントム）への没入は，発達心理学的に，知覚回路と表象回路（心の回路）のスウィッチングだと説明できることがわかった。したがって，解離としての，ファントムへの没入は，ごく普通の発達プロセスの延長線上に，すなわち自我二重性（内

言）の発達——ランナウェイ（暴走）ともいうべき発達——の結果として起こり得るものなのである。それは，正常な発達の過剰として起こり得る異常な現象にほかならない。

　前述したように，乳幼児期と青年期およびそれ以降ではぬいぐるみ遊び（IFとの交流・対話）の機序が異なることから両者を区別すべきだと述べたが，それでも両者は同じものに見えてしまう（そのため，ぬいぐるみ遊びまたはIF保持は，乳幼児期から青年期，そしてその後も，連続しているように思えてしまう。そのことは，「私」が生まれてから死ぬまでずっと同一の「私」であり続けるのと同じである）。したがって，青年期以降に登場するぬいぐるみ遊び（IFとの交流・対話）の特殊性は理解しづらくなる。そこで次に，大人にとってのIFはどのようなものかについて認識するために，3.11の東日本大震災後の被災地で起こったタクシードライバーの幽霊現象を引き合いに出すことにしたい。

　ところで，工藤優花によると，地元石巻のタクシードライバーたちが「霊魂と直接対話したり，接触したりした」［工藤優花，2016：4］という。たとえば，「震災から3ヵ月くらいたったある日の深夜，石巻駅周辺で乗客の乗車を待っていると，初夏にもかかわらずファーのついたコートを着た30代くらいの女性が乗車してきたという。目的地を尋ねると，『南浜まで』と返答。不審に思い，『あそこはもうほとんど更地ですけど構いませんか？どうして南浜まで？コートは暑くないですか？』と尋ねたところ，『私は死んだのですか？』震えた声で応えてきたため，驚いたドライバーが，『え？』とミラーから後部座席に目をやると，そこには誰も座っていなかった」［同前：5］という。工藤によると，このドライバーは大震災で多くの人たちが亡くなったので，この世に未練がある人がいても当然であり，あのときの乗客を幽霊だと確信しているという。そして，いまはもう

恐怖心はなく，そういう乗客がいれば，普通のお客さんと同じ扱いをすると述べている。このドライバーは震災で娘さんを亡くしたということである。

　また，別のタクシードライバーは，季節外れの格好をした20代の男性を石巻駅で乗せたが，乗車中にその男性が目的地のことで前を指さしたり，会話を交わしたりしたが，途中でいなくなったという。他にも，前述した2人と同様——震災は冬に起こったため——，同じく季節外れの格好をした小学生の女の子を乗せ，車中で会話を交わしたり，降りるときに手を取ってあげたりしたケースや，同じく冬の格好をした青年と会話を交わしたケース（この青年の場合，リボンが付いた小さな箱をタクシーに残していったという）など，ドライバーたちは「自らが体験した現象を幽霊現象として認知しており，またその対象と対話をして」［同前：8］いるのである。

　脳科学の立場から述べると，ドライバーが体験する幽霊現象は，大抵，ハンドル操作の必要がほとんどなく，景色もほとんど変化しないといった単調な道路を走行している最中に起こることが多い。つまり，同一の刺激が繰り返され，こうした状態に徐々に馴化してくると，感覚遮断が起こり，やがて意識レベルが低下してきて，ドライバーは眠気に襲われる。それでもそれを我慢して運転を続行しているうちに，時間や方向感覚が希薄となり，起きていたとしても知らぬうちに夢心地に陥るのだ。すると，さまざまな空想が湧出されてきて，ファントムに没入することになる。空想した表象が知覚現象となって出現するわけである。よくよく考えてみれば，幽霊やお化けが出没するのは，大半の人たちが眠りについていたり，起きていても脳がぼんやりとしていたりする時間帯なのである。したがって，一般の幽霊現象は幽霊を見る当事者の意識状態に原因があると考えられる。

　しかしながら，このドライバーの幽霊現象は，それとはまったく異なっ

ている。少なくとも言えるのは，石巻のドライバーの場合，幽霊（といえる対象）と会話を交わしていることから単なる生理現象（脳機能の低下）ではないということである。会話を交わすほど意識はしっかりしており，しかも，自ら体験した現象を認知している。同一の体験をしていることからタクシードライバーのあいだでの集団催眠現象を否定することはできないが，どの事例も会話を交わしたり，手に触れたりしているという具合に，あまりにもリアルな体験であることから，こうした体験は単なる幻覚や幻聴で説明することは困難である。

　ドライバーの幽霊現象を調査した工藤自身は，「離れ離れになって会えなくなってしまった両親に会いたい。愛しい彼女に会いたい。忘れない故郷に帰りたい。そんな『無念』の想いを，条件が重なって，タクシードライバーたちの『畏敬の心』が受け取った。受け取った彼らは各々の感情の推移を通して，怪奇現象を理解してきたのである。したがって，彼らに『わからないから怖い』として発生する恐怖はなく，今ではむしろ受容している。この心の相互作用は，霊の無念さと，タクシードライバーの畏敬の念によって起こったのである」［同前：19］と捉えている。工藤は，こうした捉え方をタクシードライバーの感情の推移から析出している。敷衍すると，大震災の甚大な被害に対する「悲しみ」と「驚き」→「絶望」→「絶望」の中での怪奇現象→「驚き」と「恐れ」→「畏敬」となる。「つまり，彼らは"絶望"と"畏敬"の板ばさみ状態だったのである。」［同前：16］

　しかも，石巻特有の「"内は内で"の感覚が強い」［同前：20］ことが加わることで，地元のタクシードライバー（年配の人）たちは，無念の想いを抱いて亡くなった人たち（特に，若年層）の霊魂に寄り添いながら，畏敬の心を持って静寂な気持ちで彼らの「意思伝達の媒体」［同前：12］の役目，もっと言うと「『イタコ』的な存在」［金菱清，2016：81］を担った

のである。一連の幽霊現象とは実は，地元の年配の人たちが若くして亡くなった人たちの霊魂を癒すできごとなのである。

　このように見ると，幽霊と遭遇したタクシードライバーにとって会話を交わしたり手に触れたりした幽霊とは，無念さを持った人格（霊魂）であり，畏敬の対象である。つまり，ドライバーたちはこのようなものとして自ら表象した。正確には，彼らは大震災後，地元の年配者として大震災で亡くなった同じ地元の若年層の人たちに対し，憐憫の情を抱いていた。そして，こうした憐憫の情を日々募らせていく中で，彼らの心情を無念さとして表象するようになった。事実，幽霊と遭遇したのが早くても大震災から3ヶ月後，それ以外は同年の夏あるいはそれよりももっと後になってからという記録は，ドライバーたちが無念さという表象を抱くのに月日を要したことを物語っている。そして，後部座席にお客さんを乗せるタクシーという特殊な状況の中で，彼らの無念な想いを幽霊として知覚するようになったのではないかと考えられる。この場合の知覚は，幽霊を依り代とする幻視・幻聴といった幻覚である。多少なりとも，隔離された車中，しかも個室であるタクシーという環境条件が加味されて，ドライバーたちは自ら頭の中に表象したこと（彼らの無念な想い）を外の世界に知覚したものと考えられる。

　以上のことからすると，こうした不可思議な体験をしたタクシードライバーにとって，（個々の）幽霊はIFそのものである。発達心理学的には――自我二重性の観点から言うと――，（個々の）幽霊は，自分の内側に確立した「内なる他者」との自己内的対話（内言）の依り代にほかならない。形式的には，この事例における幽霊（霊魂）は，青年期以降の人たちが自らの「内なる他者」を外の世界に向けて投射するところの依り代と同じものだと考えられる。前述したように，空想への没入としての解離にお

いて，空想の対象（ファントム）は，天使，妖精，アニメの主人公，悪魔，幽霊，妖怪など何でも良いと述べたが，この事例の場合，幽霊が相当するのである。こうした事例以外にも，IFに匹敵する現象は多々見られる。雪山で遭難したときに突然，目の前に現れて遭難者を救い出すという「サードマン」[Geiger, 2010 = 2014] もIFの1つであろう。

結語

　第2部では，乳幼児期から始まるぬいぐるみ遊び（IFとの交流・対話）を発達心理学の自他二重性／自我二重性の観点から整合的に捉えるとともに，たとえこれが青年期以降続いても，この観点から捉えられるごく正常な活動であることを論述してきた。青年期以降のぬいぐるみ遊び（IFとの交流・対話）は，空想への没入という解離（表象と知覚のスウィッチング）であっても，正常な範囲での活動なのである。総じて，ぬいぐるみ遊び（IFとの交流・対話）は私たち人間にとって正常な活動である。

　一般に，解離という概念を持ち出すと，それは，乳幼児期における母子の葛藤や虐待やトラウマおよびこれらに対する自我の防衛機制で語られたり，果ては，虐待との関係で多重人格障害（交替人格のスウィッチング）の観点から診断されたりすることが少なくない。勿論，解離における主観の時間的変容の症状として，健忘，遁走，離人と一緒に多重人格や多重人格障害が並置されるわけであるが，たとえば当事者以外には見えないIFはともかく，IFが青年期およびそれ以降，依り代とするぬいぐるみや人形などとの遊びはごく正常の範囲での解離なのである。解離＝多重人格（障害）という等式は，発達心理学の知見から析出される豊かな解離を排除してきたのである。したがって，私たちは青年期以降に（にも）現前し

てくるIFやぬいぐるみ・人形の存在価値を評価すべきなのである。
　では最後に，第２部の要点を各章に沿って４つにまとめておくことにしたい。
　１つ目は，筆者がぬいぐるみ遊び研究にあたってまず依拠した進化発達心理学によって，新生児模倣や遊びなどの乳幼児期の淘汰圧を撥ね返す活動が，子どもが大人になるまでに不可欠なものであることに加えて，その後の人生，特に成人したときに有用なものだということが明らかになったことにより，従来，見過ごされてきた乳幼児期固有の即時的利益（機能）を発見した。ところが，筆者からすると，発達画期のある時期の即時的利益（機能）は，進化心理学よろしく，その後のヒトにとって不利になるものも少なからず存在すると考えられる。したがって，本書の主題であるIFであり，ぬいぐるみ遊びもまた，乳幼児期固有の即時的利益（機能）である反面，IFとの交流・対話が青年期以降，さらには一生続くとすれば，それは，ある意味で精神病理だと捉えざるを得ないのではないか。IFとの交流・対話は，IF保持者にとって精神的安定や慰めの対象となるにしても，大人がぬいぐるみなどのIFと親しく交流・対話を行うことは，IF保持者にとって自分が心身の病を患っているのではないかと不安になったり，他者（IF非保持者）に理解されないのではないかとか，他者から心身の病だと思われているのではないかといった不安を抱いたりすることにつながる。こうした自己理解や対人関係における不安や不和をもたらすという点で，乳幼児期固有の即時的利益（機能）の１つである，ぬいぐるみ遊びやIFとの交流・対話は，その後の発達画期において二次的に作り出された発達の障害もしくは精神病理となる可能性があると考えられる（ぬいぐるみ遊びやIFとの交流・対話そのものは，何ら病理的なものではない）。
　２つ目は，乳児にとってぬいぐるみがぬいぐるみとなることは，自明の

事柄ではないということを社会学的身体論（人間諸科学のメタ理論）によって明らかにした。生まれてまもなく乳児にとって世界は，分節化以前，自他未分化の混沌としたものにすぎないが，乳児の身体が身近な母親の身体との互換の幾度もの反復，そして両者の「間身体的連鎖」によって，自他未分化な「過程身体」から意味と秩序に満ちた「抑圧身体」へとゆるやかに移行することを通して，「第三者の審級」としての「抽象的身体」を内化し，親密かつ安全なテリトリー空間の中で規範の声にしたがいつつも，事物と身体，自己と他者の区別を行うことができるようになる。乳児の身体が「抑圧身体」の水準となるとき，乳児にとってぬいぐるみはまず，事物（モノ）として立ち現れ，その後，「抑圧身体」による意味付与によって家族の一員とか可愛らしい玩具として立ち現れるのである。裏を返せば，「抑圧身体」の水準にない乳児にとってぬいぐるみは，身体を持った，剥き出しの他者として立ち現れることになる（このとき，乳児にとってぬいぐるみは恐怖や不安の対象となる）。このように，社会学的身体論は，乳児にとってぬいぐるみがIFになるどころか，玩具としてのぬいぐるみにさえなり得ないという可能性を明らかにした。裏を返せば，良好な養育環境にある大多数の乳児にとってぬいぐるみは，文字通りぬいぐるみとしてやり過ごされるか，あるいはそれ以上の玩具（可愛らしい家族の一員）として愛好の対象となっているのである。

　3つ目は，ぬいぐるみがIFとなるのは，個体発生（個体発達）のプロセスにおけるどのような機序によってであるのかについて発達心理学によって明らかにした。ぬいぐるみがIFとなるのは，自他二重性（外言）／自我二重性（内言）という対概念によって解明される。つまり，人は生まれて以来，母親をはじめ現実の多くの他者とコミュニケーション（外言）を交わすことと同時に，こうした外言を内化して内言を作り出していく

が，IFは外言が内言に内化する途上のプロセスに見られる即時的利益（機能）である。正確には，現実の他者とのコミュニケーションは，話す－聞くという「能動／受動」の二重性，すなわち自他二重性からなるが，このとき同時に，自分の内部で内なる自我と内なる他者との，いわゆる自己－自己コミュニケーション（自己内対話）が生成しているわけであるが，こうした自他二重性／自我二重性が乳幼児期の一人二役の会話やそれに基づくIF（との交流・対話）を生み出すことになる。ところが，ぬいぐるみ遊びに代表されるIFとの交流・対話は，乳幼児で終わるわけではなく，むしろ一旦，自分の内側に確立した，内なる他者との自己内的対話（内言）は乳幼児期とは逆に，外の世界に向けて外言化することによって内なる他者が外の世界にある何らかの依り代に向けて投射される。これが乳児期を超えて青年期以降にも見られるIFとの交流・対話であり，ぬいぐるみ遊びにほかならない。このように，発達心理学は，自他二重性／自我二重性というシンプルな対概念によって乳幼児期のIFおよび青年期以降のIFについて解明したのである。

　4つ目は，青年期およびそれ以降のIF保持者（ぬいぐるみ遊び愛好者）にとってぬいぐるみ（IF）は，3つ目で述べたように，自他二重性の豊富化により自分の内側に確立した，内なる他者との自己内的対話（内言）の外言化によって，内なる他者が外の世界に向けて投射されるところの依り代なのであるが，こうした内言の外言化は，知覚回路と表象回路とのスウィッチング（入れ替え）をもたらすことになる。これは，頭の中で表象したものが外で知覚されたものとして現前化する事態であり，解離研究では「空想への没入」もしくはファントムへの没入と名づけられる。青年期以降のぬいぐるみ遊び（IFとの交流・対話）は，自己理解および人間関係の不和を二次的な障害・精神病理として招来させる可能性があるとはい

え，そのこと自体はごく正常なものであり，正常な域における解離現象である。とはいえ，内なる他者との自己内対話（内言）があまりにも過剰な想い（感情）となって，依り代に投射されると，表象と知覚のスウィッチング（入れ替え）が過剰なものとなり，ひいては精神病理となる可能性がある（極端なケースではせん妄）。こうしたスウィッチングがなされていることに自覚的である限り，ぬいぐるみ遊び（IFとの交流・対話）はごく正常な活動であると考えられる。なお，本章では，こうした機序をわかりやすく説明するために，震災地で起こったタクシードライバーの幽霊現象を取り上げたが，ドライバーたちが体験した幽霊もまた，IFに準じたものであることが判明した。

　以上，第2部では，進化発達心理学を皮切りに，さまざまな人間諸科学の知見を動員することによって，乳幼児から青年期，さらには老人期へと至る，さまざまなスタイルでその都度立ち現れるぬいぐるみや人形，総じてIFとの交流・対話について述べてきた。

文　献

[第1部]

Blos, P.　1962　*On Adolescence : A Psychoanalytic Interpretation*. The Free Press of Glencoe.（P. ブロス，野沢栄司訳『青年期の精神医学』誠信書房，1971年。）

浜田寿美男　1999　『「私」とは何か――ことばと身体の出会い――』講談社。

井原　成男　2009　『ウィニコットと移行対象の発達心理学』福村出版。

池内裕美，藤原武弘　2004　「移行対象の出現・消失に関する社会心理学的規定因の検討：生育環境と夫婦間ストレスの視点から」社会心理学研究 19(3)，184-194頁。

池内　裕美　2010　「成人のアニミズム的思考：自発的喪失としてのモノ供養の心理」，社会心理学研究 25(3)，167-177頁。

鹿取廣人，斎賀久敬　2011　「発達――遺伝と環境」，鹿取廣人，斎賀久敬，河内十郎，杉本敏夫「思考・言語」，鹿取廣人，杉本敏夫，鳥居修晃編『心理学［第4版］』東京大学出版会。

森定美也子　2006　「慰める存在と移行対象」，井原成男編著『移行対象の臨床的展開――ぬいぐるみの発達心理学――』岩崎学術出版社。

西平　直　1987　「〈私〉をどう理解するか――H. ワロンの〈内なる他者〉を手掛りに――」東京大学教育学部紀要26，197-205頁。

高橋　蔵人　1989　「青年期における分離個体化に関する研究――質問紙調査による考察」心理臨床学研究 7(2)，4-14頁。

寺尾　尚　2008　「青年期における『ぬいぐるみ』が与える影響と意味：ぬいぐるみを臨床場面に用いるために」函館大谷短期大学紀要 vol27，56-84頁。

Wallon, H.　1956　Niveaux et fluctuations du moi, L'evolution psychiatrique.（H. ワロン，浜田寿美男訳編『身体・自我・社会　子どものうけとる世界と子どもの働きかける世界』ミネルヴァ書房，1983年。）

[第2部]

麻生　武　1996　『ファンタジーと現実』認識と文化４，金子書房。

Bjorklund, D.F., D.P. Anthony　2002　*The Origins of Human Nature : Evolutionary Developmental Psychology, American Psychological Association.*（D.F. ビョークランド，A.D. ペレグリーニ，無藤隆監訳，松井愛奈・松井由佳訳．『進化発達心理学——ヒトの本性の起源——』新曜社，2008年。）

Geiger, J.G.　2010　*The Third Man Factor : Surviving the Impossible, Weinstein Books.*（J.G.ガイガー，伊豆原弓訳『サードマン：奇跡の生還へ導く人』新潮社，2014年。）

Gopnik, A.　2009　*The Philosophical Baby : What Children's Minds Tell us About Truth, Love, and the Meaning of Life, Farrar,* Straus and Giroux.（A. ゴプニック，青木玲訳『哲学する赤ちゃん』亜紀書房，2010年。）

浜田寿美男　1999　『「私」とは何か——ことばと身体の出会い——』講談社。

乾　敏郎　2009　『イメージ脳』岩波書店。

金　菱清　2016　『震災学入門——死生観からの社会構想——』筑摩書房。

工藤　優花　2016　「死者たちが通う街——タクシードライバーの幽霊現象（宮城県石巻・気仙沼）——」，東北学院大学震災の記録プロジェクト・金菱清編『呼び覚まされる霊性の震災学——3.11生と死のはざまで——』新曜社，1-23頁。

森口　佑介　2014　『おさなごころを科学する——進化する乳幼児観——』新曜社。

中井　孝章　2013　「家庭的・社会的祖母力とグランドマザーリング仮説」，中井孝章編著『多胎児支援の現在——祖父母力と多胎児サークルの力——』大阪公立大学共同出版会，12-30頁。

中井　孝章　2015　『カウンセラーは動物実験の夢を見たか——トラウマの実在論的記憶論——』大阪公立大学共同出版会。

小栗　康平　2011　『人格解離――わたしの中のマイナスな私――』アールズ出版。
小栗　康平　2014　『症例Ⅹ――封印された記憶――』GB。
大澤　真幸　1990　『身体の比較社会学Ⅰ』勁草書房。
柴山　雅俊　2007　『解離性障害――「うしろに誰かいる」の精神病理――』筑摩書房。
柴山　雅俊　2010　『解離の構造――私の変容と〈むすび〉の治療論――』岩﨑学術出版社。
柴山　雅俊　2012　『解離性障害のことがよくわかる本――影の気配におびえる病――』講談社。
Walles, M.　1986　*The Silent Twins*, Chatto and Windus Ltd.（M. ウォーレス，島浩二，島式子訳『沈黙の闘い』大和書房，1990年。）
Wallon, E.　1983　*Lecture d'Henri Wallon*.（E. ワロン，波多野完治監訳『ワロン選集大月書店。）

あとがき

　序論では，タイプの異なるぬいぐるみ遊びライフを各々，紹介するとともに，IF（イマジナリー・フレンド）に関しては秀逸なブログを手がかりに考察を行ってきた。そして，本論にあたる第1部では，文字通りのぬいぐるみ遊びを対象に，移行対象論を参照しながら自我発達論を，第2部では，ぬいぐるみを依り代とするIFとの交流・対話を対象に，解離研究の立場からIFの精神病理を，各々，展開してきた。第1部と第2部ともに，最後に結語を付けて，本論のまとめをしているので，ここではさらなるまとめは不要であろう。同じぬいぐるみ遊びとはいっても，文字通りのぬいぐるみ遊び（狭義）とIF遊びでは，遊び方や交流の仕方がこれほど異なるとは当初思っていなかった。そのことが明らかになっただけでも，本書（共著）の意義はあると確信している。

　ところで，共著者として執筆してもらった堀本真以氏であるが，彼女とは大学・大学院を通して時々，交流があったという程度のかかわりであった。ましてや，彼女は私のゼミに属したことは一度もない。ところが，この度，共著者となり得たのは，彼女が大学から大学院を卒業するまで継続的にぬいぐるみ研究に取り組んできたことにある。今日の大学生や大学院生は特定の研究テーマを継続的に行うことは稀であり，それをやり通すだけの耐性もない。その点，堀本氏は6年間，そして就職した現在も，ぬいぐるみ研究に尽力している。こうした研究への熱意は，序論に綴られた氏のぬいぐるみライフから読み取れるように，氏が真のぬいぐるみ愛好者だからである。ぬいぐるみライフは長いとはいえ，彼女のぬいぐるみ遊び研究はまだ始まったばかりであり，今後，より本格的なぬいぐるみ遊び研究を展開してもらえるものと期待している。

私は今後，本書をベースに解離研究を進めていくことになるだろう。解離研究についてはすでに，宮沢賢治に関する著書（『賢治の読者は山猫を見たか──「解離コード」で読み解くもうひとつの世界──』日本教育研究センター，2016年）を上梓することでスタートしているが，今後は本書で論述したIFを手がかり（ベース）に解離研究，ひいてはさまざまな文化事象（民俗文化）に登場する解離現象について研究を進めていきたいと考えている。

　最後に，本書の出版にあたりまして，理事長の足立泰二先生（大阪府立大学名誉教授／理学博士）をはじめ，編集の川上直子氏，事務局の児玉倫子氏には大変お世話になりました。厚く御礼申し上げます。

　　　　　　　　　　　　　　　　　　　　　　平成28年6月8日　著者

【筆者略歴】

中井　孝章（なかい　たかあき）

序論第1・3節／第2部執筆

1958年　大阪府生まれ
筑波大学第2学群人間学類卒業ならびに筑波大学大学院教育学研究科博士課程中退
現在，大阪市立大学大学院生活科学研究科教授
近著　『カウンセラーは動物実験の夢を見たか』（大阪公立大学共同出版会）
　　　『賢治の読者は山猫を見たか─「解離コード」で読み解くもうひとつの世界─』（日本教育研究センター）他
現在，〈解離する主体とファントム空間〉に関する精神病理学的研究に取り組んでいる。

堀本　真以（ほりもと　まい）

序論第2節／第1部執筆

1992年　東大阪市生まれ
2014年　大阪市立大学生活科学部人間福祉学科心理臨床コース卒業
2016年　大阪市立大学大学院生活科学研究科生活科学専攻（臨床心理学講座）前期博士課程修了
現　職　大阪市立弘済院附属病院心理士，その他電話相談員
ぬいぐるみに支えられながら，自分らしい研究活動と臨床活動を模索し，日々奮闘中。

OMUPの由来

大阪公立大学共同出版会（略称ＯＭＵＰ）は新たな千年紀のスタートともに大阪南部に位置する５公立大学、すなわち大阪市立大学、大阪府立大学、大阪女子大学、大阪府立看護大学ならびに大阪府立看護大学医療技術短期大学部を構成する教授を中心に設立された学術出版会である。なお府立関係の大学は2005年４月に統合され、本出版会も大阪市立、大阪府立両大学から構成されることになった。また、2006年からは特定非営利活動法人（NPO）として活動している。

Osaka Municipal Universities Press (OMUP) was established in new millennium as an association for academic publications by professors of five municipal universities, namely Osaka City University, Osaka Prefecture University, Osaka Womens's University, Osaka Prefectural College of Nursing and Osaka Prefectural College of Health Sciences that all located in southern part of Osaka. Above prefectural Universities united into OPU on April in 2005. Therefore OMUP is consisted of two Universities, OCU and OPU. OMUP has been renovated to be a non-profit organization in Japan since 2006.

ぬいぐるみ遊び研究の分水嶺
―― 自我発達と精神病理 ――

2016年９月６日	初版第１刷発行
2018年12月７日	初版第２刷発行

著　者　　中井　孝章・堀本　真以
発行者　　足立　泰二
発行所　　大阪公立大学共同出版会（OMUP）
　　　　　〒599-8531　大阪府堺市中区学園町1-1
　　　　　大阪府立大学内
　　　　　TEL 072(251)6533　FAX 072(254)9539
印刷所　　和泉出版印刷株式会社

©2016 by Takaaki Nakai, Mai Horimoto, Printed in Japan
ISBN978-4-907209-62-9